모든 꽃무늬는 엄마에게서 왔다

세 마리 개, 두 마리 고양이와 함께 한 시골 일기

세 마리 개, 두 마리 고양이와 함께 한 시골 일기
모든 꽃무늬는 엄마에게서 왔다

2024년 11월 27일 초판 인쇄
2024년 12월 5일 초판 발행

지은이/ 정영경
펴낸이/ 남기수
펴낸곳/ 도깨비
  출판등록. 제 1989-3호(1989년 5월 8일)
  주소. 부산광역시 북구 양달로 9번길 21
  전화. 051-747-0621

사진/ 정영경
표제/ 윤영하

ISBN 978-89-88104-80-4 03800
책값은 표지에 있으며, 잘못된 책은 바꾸어 드립니다.

모든 꽃무늬는 엄마에게서 왔다

세 마리 개, 두 마리 고양이와 함께 한 시골 일기

사계절 내내 꽃을 보며 살게 해준 천시인과
시골 살이 첫 동무가 되어준 초복에게
감사를 보내며

차례

첫째 장
2020년 삼월에서 사월

마지막 봄소풍 · 013
내 영혼의 잔금들이 너를 기억할 때 · 016
춘정春情은 빨래도 춤추게 한다 · 018
바람 부는 숲에 가면 파도소리가 · 020
내가 카프리를 사랑하는 이유는 · 024
사자성어와 외계어 사이에서 귀신은 씨나락을 까먹고 있다 · 026
엄마 결혼기념일 · 028
패터슨 시에는 패터슨 씨가 산다 · 032
짹짹 삐리릿 짹짹 삐리릿 · 034
갱년기 소녀의 일생 · 036
흔한 이별 · 039
네거리 신호등 앞에서 · 042
시인의 맴 · 044
내가 나이 들었다고 느꼈을 때 · 047
소나기를 맞으며 실없는 생각을 · 050
울보 할머니의 알뜰한 당신 · 053
봄 편지 · 056
이 편한 구글 세상 · 059
엄마의 비밀 레시피-시금치달걀 냉초국 · 060
어느 탄생 설화 · 064

둘째 장
2020년 오월에서 구월

당신은 당신이 지은 죄의 희생자
You're the Victim of Your Crime
 - 코로나19를 기억하며 · 069
호구 씨의 그물 · 073
앞과 뒤 · 076
루루 커플 · 079
연애편지 쓰는 노인 · 080
늙어서 시를 외운다는 것은 · 082
던킨 도너츠의 추억 · 084
발빠짐 주의 · 086
오래된 표절 · 088
컨트리 음악을 듣는 고양이들 · 090
시골에 살아요 - 긍정 초보편 · 094
지구 체류를 허함 · 096
영원을 믿다니, 참 · 098
가장 슬픈 일 · 100
늑대와 빨간 망토 소녀와 토이 스토리 · 102
엎질러진 물 · 104
나의 딸기와 연적 민달팽이 · 105
무지개 만들기 · 108
전공은 뒹굴뒹굴 부전공은 떼구르르 · 111
흐비흐비흐비비 · 112

셋째 장
2020년 시월에서 2022년 오월

나의 사치스러운 생활 · 117
텅 빈 운동장에서 · 119
부재한 사랑 · 120
티타임의 지구 종말론 · 122
병원, 놀이동산, 프루프록 씨와 검정치마
  - 내 인생의 어떤 5시간 · 124
창경궁, 겨울과 봄 사이 · 128
우리는 모두 자기 이름의 병을 앓고 있다 · 130
뻔한 진실 · 132
어느 날의 오전 11시 58분 · 133
잎새들의 춤 · 134
밀감나무의 풍장 · 135
당당이의 당당한 취향 · 138
또복이 약전略傳 · 142
이슬 아니고 이끼라니 · 146
눈을 굽는 시간 · 148
참 쉬운 행복 · 151
감나무와 아기 참새 · 152

넷째 장
2022년 유월에서 2023년 십이월

게으른 그녀의 해맑은 결말 · 157
늙은 개의 초상 · 159
고양이 나라로 간 유선이 · 160
가을을 두고 오다 · 162
전남 진도군 진도읍 염장마을 · 164
유념을 유념하라 · 166
그런 나이가 되었다 · 168
산뜻한 부활 · 170
그해 여름의 끝 - 당당이를 추억하며 · 173
모든 꽃무늬는 엄마에게서 왔다 · 174
홍타령과 K팝 · 176
그녀, 칭칭 · 178
불면증 · 180
이제 그만 끝낼까 해 - 그 남자 제이크 · 181
낙엽의 장례법 · 184
오늘의 전생 · 186
어제 본 영화 · 188
옛사랑 해독解毒법 · 190
어제와 다른 · 191
미리 쓰는 회고록 - Negative Version · 192
묘비명 추천 - 사지선다 형 · 193

다섯째 장
2024년 일월에서 구월

냥이와 함께 C.A.S를 듣는 밤 · 197
고양이에게 자랑할 일 · 198
마카다미아 껍질은 호락호락하지 않다 · 200
수줍은 사람 · 202
심심한 날 바닷가 풍경 · 204
촌스러움에 대하여 · 205
갑진년甲辰年에 연蓮을 그리다 · 208
그리운 말장난 · 209
현선이 언니 · 210
욕실 문이 내게 친절하지 않다 · 212
그런 시간 · 214
우리가 같은 언어를 쓴다고 해서 · 216
시망아망 · 217
안녕 '안녕 주정뱅이' · 218
누구나 무기 하나쯤은 가지고 있다 · 220
실패한 것들과 그 변명을 얘기해보라,
　당신이 어떤 인간인지 말해주겠다 · 222
두 편의 영화를 위한 사족
 - 영화 '퍼펙트 데이즈'와 '프렌치 스프' · 224
추락의 해부 · 227
리츠 크래커는 배신할 준비가 되어 있다 · 230

회의하는 인간 · 232
슬픔에 조미료가 필요하다 · 234
나의 봄 – 60돌을 맞은 나와 친구들에게 · 235

발문 · 새콤달콤하게 세상에 스며드는 법 / 최갑진 · 238
나가는 글 · 255

첫째 장

2020년 삼월에서 사월

마지막 봄소풍

벚꽃 환하게 피어 눈부신 봄날
그 중에서도 가장 아름다운 날을 택하시어
아버지, 가족들을 다 모이라 하셨습니다

예전에 없던 일이라
아들 딸, 며느리, 사위, 손자 손녀, 조카들까지
한걸음에 달려왔습니다

아침 든든히 먹으라 하시고
아버지 좋아하시던 막걸리 한 사발도 들이켜시고
흐뭇하신 듯 자손들 얼굴 하나하나 들여다보셨습니다
이윽고 채비를 마치신 아버지
짐 하나 없이 가벼운 차림으로 앞장서시며
다들 따라오라 하셨습니다

부산에서 진주까지
끝없이 늘어선 벚꽃나무들
고향 가는 길 따라 마중 나온 듯했습니다

태어나 탯줄 묻은 곳
아버지의 아버지, 아버지의 어머니
먼저 가 기다리시는 곳

키 큰 벚나무, 오래 된 감나무
몇 해 전 꼬맹이가 성큼 자라 어른처럼 보이는
측백나무가 기다리는 곳

해도 좋고 물도 좋아 나무가 잘 자란단다
코로나 때문에 꽃구경도 제대로 못했지?
오늘은 봄볕도 쬐고 봄내음도 실컷 맡으렴

꽃향기에 취했나
얼핏 꿈처럼 봄바람 스쳐지나는데
아버지 우리를 깨우셨습니다

봄소풍은 짧고
회한은 길지만
아버지, 서운해말라 하셨습니다

마을 어귀까지 배웅 나오신 아버지
환하게 웃으며 서 계셨습니다
오래오래 손 흔들고 계셨습니다

아버지 또산 정태건(鄭泰乾) 선생
1928년 5월 24일(음) ~ 2020년 3월 28일
막내딸 생일날 영면에 드시다(향년 93세).
등산과 산에 대해 쓴 글들을 모아 펴낸 책
'또산 선생 유람기-낡은 등산화에 관한 명상'을
남기셨다.

내 영혼의 잔금들이 너를 기억할 때

내 영혼에는
무수한 잔금들이
나 있어

너의 불안
너의 허기
언젠가부터 너의 눈동자가 저 멀리
다른 곳을 향해 있다는 것을
알게 되면서부터

그래,
잔금들인데 뭐
별로 아프지 않을 거야
칼에 벤 것도 아니니까
쉽게 잊을 수도 있을 거야

세월이 흐르고
다른 잔금들이
또 다른 잔금들을 덮는 동안

내 영혼은 바람 많은 바닷가 노송
나무껍질처럼 늙어가겠지

어느 날 내 영혼의 잔금들이
너의 기억을 떠올릴 때
한번쯤 무심한 안부를 전하기도 할 거야
너에게 혹은
너를 닮은 잔금들에게

내 영혼에는
희미한 잔금의 흔적들만 남아
너를 기억하고
너를 기억하는
나를 기억하겠지

춘정春情은 빨래도 춤추게 한다

살랑살랑 봄바람의 유혹에 못 이겨
옷걸이에 걸린 빨래들이 춤을 추고 있다

따닷한 봄볕에 몸 데운 시골집 개 한 마리
늘어지게 하품 한 바탕 풀어내고는
다시 심심한 풍경 속으로 들어간다

담벼락 위에서 알짱대며 약 올리는 고양이들
석류나무 위에 떼로 몰려와 수다를 떨어대는 새들에게
간혹 눈빛을 빛내며 방전된 사냥본능을 충전시키지만

곧 네 다리 뻗고 잠들거나, 한 번씩 컹 하고
바람에 흔들리는 나무 이파리들 간섭이나 하다가
이내 심드렁해진다

잠결에, 지난 밤 다녀간
동네 건달 수놈이라도 만나는지
꼬랑지 한 번 슬쩍 흔들다 놓는다

나 그렇게 쉬운 녀자 아니랑게
이래뵈도 족보 있는 가문에
뼈대 있는 집안 자손이여라

그래서 이름도 위풍당당 당당이
진돗개 자부심을 사료처럼 먹으며
오늘도 시골개는 게으르게 늙어간다

한낮의 고요가 음악처럼 흐르고
이미 흔들려버린 마음을 주체할 수 없어
빨래들은 어깨를 들썩이며 아쉬움을 말리고 있다

칭찬은 고래를 춤추게 하고
춘정은 빨래도 춤추게 한다

바람 부는 숲에 가면 파도소리가

바람 부는 숲에 가면
파도소리가 들린대요
오래 전 할머니가 들려주신 얘기랍니다

옛날 옛날 아주 먼 옛날
물에서 뭍으로 올라온
고래 한 마리가 있었답니다

아직 어린 소년이었던 고래는
폭풍우 다음날 바닷가 모래밭에
떠밀려 와 있었대요

마침 바닷가 마을에 출장왔던
친절한 숲 세상 마녀가
고래 소년을 발견하고 숲으로 데려갔어요

마녀의 신묘한 영약으로 살아난
고래 소년은 무럭무럭 자라
멋진 고래 청년이 되었어요

바다 세상에서 숲 세상으로 온 고래는
사실 적응하느라 무척 힘들었어요
놀림도 많이 받았고요

피부가 물렁물렁 아유 징그러워
다리 모양은 또 왜 저래
흉측하기도 해라

하지만 고래는
특유의 지구애와 영특한 재능으로
따돌림과 비웃음을 이겨냈답니다

어머 저 매끄러운 살결 좀 봐
다리 곡선이 정말 우아하네요
오히려 추앙과 연모의 대상이 되었다지요

거기에는 뜨거운 여름날
고래가 펼치는 분수쇼도
한 몫 했음이 분명해요

그리하여 고래 왕자님이란 애칭도 얻었고요
숲 세상에서 가장 인기 많은 청년이 된 고래에게
재색겸비한 숲 세상 처녀들이 줄을 섰다는데요

자르르 윤기나는 머리결을 뽐내는 잎새 요정
노래로 뭇 사내들의 혼을 쏙 뺀다는 파랑새 요정
한번 맛보면 죽어서도 못 잊는다는 전설의 열매 요정

어여쁜 미녀들과 다정한 친구들에 둘러싸였어도
고래 왕자님은 속으로
엄청엄청 외로웠답니다

그럴 때면 숲 세상 제일 꼭대기
언덕 위로 올라가
멀리멀리 바다를 바라보았어요

그리고는 노래를 불렀답니다
단 하나 남은 바다의 기억
인어공주님이 들려준 노래

샤르륵 샬랄라 샤르륵 샬랄라
나뭇잎들이 노래에 맞춰 몸을 흔들면
온 숲 세상에 파도소리가 울려 퍼졌어요

첫사랑 인어공주님이 그리워 부르는 노래
그 후로 고래가 외로운 날이면
숲에서 파도소리가 나게 된 거랍니다

고래 왕자님이 어떻게 됐냐고요?
미녀도 공주도 아닌, 참하고 현명한 소녀를 만나
오래오래 행복하게 잘 살았지요

그리고 이건 비밀인데요
동화 속 인어공주를 구해준 건
사실 그 고래 왕자님이었다네요

내가 카프리를 사랑하는 이유는

우선 그녀의 어여쁨 때문이다
330ml 앙증맞은 몸매에
콜랑콜랑 귀여운 소리를 가졌다

간혹 생뚱맞기도 하지만
말없이 귀 기울여 들어주고
토닥토닥 위로할 줄 안다

과하게 친한 척하지 않고
꼬치꼬치 속내를 캐묻지도 않으며
딱 그 만큼의 거리까지만 다가올 줄도 안다

내가 카프리를 사랑하는 이유는
언제든 같이 떠날 수 있는
한가로운 영혼이기 때문이다

귀찮은 여행가방도 필요 없고
비행기, 호텔 걱정도 없다
그녀와 함께라면

단 한 번의 잔 부딪힘만으로
나는 이미 카프리
그 푸른 바다 속으로 풍덩 빠질 수 있다

오 솔레 미오!
저 먼 나라 이탈리아의 작은 섬
가보지 않아 더욱 아름다운 카프리

내가 카프리를 사랑하는 진짜 이유는
그녀를 사랑하지만
너무 깊이 사랑하고 싶지는 않기 때문이다

---

* Kafri는 한국 맥주 이름
  Kapri는 이탈리아에 있는 섬

사자성어와 외계어 사이에서
귀신은 씨나락을 까먹고 있다

고색창연한 내 학창시절엔
예부터 금과옥조처럼 전해오는
사자성어 혹은 고사성어를 외우곤 했다

삶의 지혜가 담긴 심오한 한자어들을
우리는 뜻도 모른 채 괴발개발
껍데기만 달달 외웠다

급기야 촌철이가 살인을 하고
아전이 인수를 하며
어부가 지리를 먹기도 했다

지금 젊은이들은 줄임말을 많이 쓴다
더 짧고 더 빠르고 더 편리하게
초초슈퍼울트라캡짱도 모자라는 세상

알쓸신잡이어도
안물안궁하니
낄끼빠빠하여라

귀 설은 외계어들이 출몰하고
들을 땐 머리에 물음표가 가득해도
알고나면 그럴싸 재미도 있다

나의 사자성어
너의 외계어
그 사이가 수성과 해왕성만큼 멀어도

세상은 늘 그렇듯
모순은 다른 모순으로 덮고
문제는 새로운 문제로 해결하는 법

어머, 나 빼박꼰댄가봐
중천대낮에 귀신 씨나락 까먹는
소리나 해대는 걸 보니

엄마 결혼기념일

음력 춘삼월 하고도 열엿새 날은
달덩이처럼 이마 훤하던 열일곱 우리 엄마
시집가던 날이었대요
시집가기 전 날
휘영청 떠오른 보름달을 보며
울 엄마 마음 모아 기도를 했더랬죠
달님 닮아 영특한 아들 딸 잘 낳게 해주시고
달님처럼 둥글둥글 모남 없이 잘 살게 해주세요

열일곱 동갑내기 새신랑
키 훤칠한 귀골선풍 선비지만
양반댁 엄한 가풍에
살가운 내색 어림없고
새벽 닭 울음소리에 일어나
별 총총 저녁까지
하루종일 종종걸음
쉴 틈 한 번 없었어도
시집살이 원래 그런 것이려니
힘든 줄도 몰랐대요

일머리 빠르고 영민한 맏며느리
이뻐하시던 시아버님 일찍 가시고
여리고 맘 약한 시어머니와
사람만 좋지 철부지인 신랑을 의지 삼아
안간힘을 다해 조상 모시고
집안 건사하며
일제시대부터 육이오
그 험난한 시대를 무탈하게 넘기고
힘든 시절 겪으며 팍팍한 고비 많았어도
더 어려운 이웃 도와가며
위로 아들 둘, 아래로 딸 셋을
무사히 키워냈더랍니다

엄마의 공로를 높이 산 울 아버지
엄마 환갑에
직접 쓰신 감사장을 전달하셨죠
현모이자 양처인 아내에게 바치는
절절한 고마움과 미안한 마음이
감사장 가득히 담겨 있었지요

평생을 함께 동무하며 걸어온 세월
60년 회혼례도 치르고
70년 기념일도 잘 넘겼는데
76년 기념일을 열흘 앞두고,
먼저 가서
풍광 좋은 곳에 터 잡고
기다리겠노라고
그렇게 아버지 서둘러 가셨지요

사진 속 얼굴은
그 옛날 장가오던 그 봄날
새신랑 모습 그대로 곱고 선한데
좀만 기다리시오
내 곧 따라갈 터이니
열일곱 앳된 울 엄마
십칠 년 전주 이씨로 살다
칠십육 년을 해주 정씨로 산 울 엄마
곧을 貞에 덕 德자
이 정 덕 씨랍니다

2020년 4월 9일(음 3월 16일)은
76년을 함께 한 길동무 먼저 보내고 처음 맞은
엄마의 결혼기념일

패터슨 시에는 패터슨 씨가 산다

패터슨 시의 패터슨 씨는
사랑하는 아내 로라 그리고
애완견 마빈과 살고 있다

아침이면 아내가 싸준 도시락을 들고 출근해서
패터슨 시내를 돌며 버스를 운전한다
버스에는 사람들이 각자의 이야기를 차비마냥 들고 오른다

저녁에는 아내와 마주앉아 식사를 하고
마빈과 함께 산책을 한 다음 동네 바에 들러
이웃들과 술 한 잔을 하며 그의 하루를 마무리한다

패터슨 시에 사는 패터슨 씨
그는 하루하루 다져지는 삶의 바닥에서
반짝이는 시어들을 채굴한다

집안 구석구석을 영감의 소재로 만드는 아내부터
헤어짐을 반복하며 점점 사랑이 깊어지는 커플
비밀노트에 시를 쓰는 쌍둥이 소녀까지

패터슨에서는 모두가 예술가다
어느 날 마빈이 갈갈이 찢어버린 시 공책은
뜻밖에도 선지자의 계시가 되고

폭포에서 처음 만난 이방인은
비워야 비로소 채워지는
오랜 동양의 지혜를 건넨다

패터슨에는 패터슨이 산다
그의 일상은 시가 되고
밤하늘의 별이 되어 그의 삶을 지킨다

---

* 패터슨 Paterson : 짐 자무쉬의 영화 제목.
  미국 뉴저지에 있는 도시 이름이자 영화 주인공의
  이름이기도 하다

짹짹 비리릿 짹짹 비리릿

아침마다
내 창가에 와서
오케스트라 화음으로
알람을 울려대는 녀석들

중지 버튼을
눌러도 눌러도
무한 반복 재생
천연 에너지 자동 충전까지

신개념 최첨단 기술
인공지능 알람에 코웃음 치며
친환경이란 말에 깔깔대는
아침의 전령들

짹짹 비리릿
숙련된 청각 고문 기술자
꿈속 세계에 갇힐까봐 시간 맞춰
현실 세계로 안내하는 요정들

해가 뜨면 이 세계도
그리 나쁘진 않아
어서 창문 열고 바람이랑
아침 인사를 나눠

오늘도 좋은 하루!
난 바빠서 이만
내일 아침에 또 봐
인사성 밝은 알람 요정들

갱년기 소녀의 일생

유년의 뜰은 아름다웠다. 공주님과 왕자님이 뛰놀고, 장미꽃은 사계절 내내 피어 있었다. 생쥐에서 사자까지 모두가 평등했으며 정원의 주인인 거인은 한없이 친절했다.

소녀는 어느 날 자신이 공주가 아님을 알게 된다. 당나귀와 소녀는 친구가 될 수 없다는 것도. 하루아침에 성 밖으로 쫓겨나버린 소녀는 허허벌판에 홀로 서서 깜깜한 밤하늘을 쳐다보며 검은 눈물을 흘렸다.

우주에서 가장 고독한 별을 향하여 질풍노도의 말을 달리던 소녀는, 곧 우주는커녕 말굽에 차이는 돌멩이 하나의 비밀조차 풀 수 없다는 사실에 절망한다. 며칠을 끙끙 앓던 소녀는 심각한 얼치기 염세병에 시달렸다.

소녀가 보기에 시시한 것들로만 가득한 세상에서 제각각의 덫에 걸린 어른들은 출구 없는 미로 같은 답답한 일상만 되풀이 하였고, 제자의 질문에 선생님들은 침묵하거나 거짓 대답만 하고 있었다.

소녀는 병을 치료하는 대신 마음속에 우물을 하나 만들었다. 자랄수록 우물은 깊숙이 잠겼고 우물 속에는 다양한 것들이 던져져 조용히 가라앉아 있었다. 소녀는 드디어 자신도 어른들의 비밀을 알게 되었음을 기뻐하였다.

소녀는 평범해졌고 제법 현명해졌다. 세계의 평화보다 한 몸의 안락에 감사했다. 해마다 생일케잌에 촛불을 켜고 연례행사처럼 우물 아래를 들여다보곤 했지만 다행히 우물은 비밀을 지키며 평온했다.

어느 늦은 봄날 소녀의 몸속 깊은 곳에서 미열이 올라오기 시작했다. 작은 불꽃인가 화산인가. 소녀는 자신의 우물에서 알 수 없는 변화가 있음을 느꼈다. 오랫동안 쌓였던 소녀의 비밀들이 서서히 숙성되고 있는지도 몰랐다.

꽤 오랫동안 소녀는 앓았다. 자신의 내부에서 끓어오르는 열기와 오랜 시간 발효된 비밀들이 소소한 소란을 일으켰다. 그러나 소녀는 무력했고 큰 반란은 일어나지 않앉다. 이윽고 자신의 몸에서 뭔가 떠났음을 깨달은 소녀는 마른 눈물 한 방울을 흘렸다.

세월이 흐른 후 소녀는 오래된 보석상자를 발견했다. 예전엔 소중했지만 이제는 잡동사니들뿐인 물건들 속에서 자개 꽃무늬 머리빗은 여전히 반짝반짝 빛나고 있었다. 하얗게 샌 자신의 머리카락을 소녀는 한 올 한 올 정성스럽게 빗어 내렸다.

기다란 머리카락이 소녀의 얼굴을 따뜻하게 감싸 안았다. 어릴 적 엄마가 머리 빗겨주시던 그때처럼 소녀는 마음이 편안해졌다. 웬일인지 거울 속에는 소녀의 어머니, 어머니의 어머니들이 조용히 웃고 있었다.

흔한 이별

흔하다고 해서
이별이
아프지 않은 것은 아니다

첫 이별의 기억은 어린 시절 '비온'이다
비 온 날 왔다고 비온
짧은 다리에 영롱한 눈망울을 가진
귀엽고 영리한 내 첫 강아지였다

어느 날 학교에서 돌아왔더니
사고를 당한 비온은 이미 세상에 없었고
마술처럼 사라지는 이별을
그때 나는 이해할 수 없었다

꼬리치며 달려들던 그 벅찬 반김
보드라운 털의 감촉과
안으면 연약하게 전해지던 따뜻함을
더 이상 느낄 수 없다는 것

다른 세계로 갔을까
먼 우주의 별이 되었을까
다시는 만날 수 없다는 것의 의미를
나는 알 수 없었다

어른이 되자 이별은 잦아지고
몇 잔의 술로
몇 방울의 눈물로
간단하게 이별하는 법을 배워야 했다

하지만 나이 든다고 해서
이별이
슬프지 않은 것은 아니다

초복이랑 또복이
내 이쁜 진도 강아지들
내 진도살이의 친구가 되어준
사랑스런 존재들

세상에 쉬운 이별은 없다
내게 머물렀던
내가 사랑했던,
나를 떠난 모든 것들

익숙해진다고 해서
이별이
쓸쓸하지 않은 것은 아니다

네거리 신호등 앞에서

한 잔의 커피값을 지불하듯
이미 청구된 이별을 결재하고
나는 잠시 정지된 시간 속에 머문다

마지막 남은 한 방울
차가운 커피를 삼킨다
다시 시계가 움직이고 해가 저문다

횡단보도를 오고가는 사람들
신호등 앞에 멈춘 버스 속 소녀의
무심한 얼굴이 석양빛에 잠긴다

신호등이 있고 편의점과 커피숍이 있는 거리
너와 함께 걷던 그 길에서
이제는 너 없이, 나는 미아가 된다

내 사랑은 늘 오해에서 시작됐고
우리 이별은 뜻밖에도
너무 많은 이해 속에 끝이 난다

익숙해서 낯선 거리
나는 어쩌면 이 거리에서 한동안
길을 잃고 이리저리 헤매일 지도 모른다

혹은 습관처럼 커피숍에 들러
똑같은 커피를 주문하고
오지 않는 너를 기다릴 지도 모른다

사랑에 대해 나는 무지하다
이별에 대해서는 더욱 그러하다, 그리하여
나는 여전히 신호등 앞에 서서 길을 잃는다

시인의 맴*

거시기 어느 시인 냄편**이 말여
'아내는 내가 세상에서 훔친 유일한 시'
라고 혔다는디

청살*** 청살 그런 청살이 없어도
겁나게 멋져부러요
워매워매 부러븐거

박복해라, 그런 시인 냄편 하나 없는 나는
밀려오는 신세한탄을 한쪽 발로 뻥 차불고
시원하게 작심을 해부럿서라

나가 그 시란 거 함 써볼랑게
그란디, 참으로 요상시러븐 일이 생겼당게요
우짜든동 시만 생각함시롱 이 시상을 둘러봉게

천지가 이쁜 거 투성이더랑게요
노랭이 꽃은 노래서 이쁘고
빨갱이 꽃은 빨개서 이쁘고

뭐시냐 큰 넘은 커서 잘나불고
작은 넘은 작아서 참말로 귀엽당게요
아따 어짜쓸까요

그란갑소잉
그 시란 것이
시인의 맴이란 것이

해, 달, 별, 밥, 물, 불이나 벗같이
워낙 소중혀서 둘도 셋도 아닌
딱 한 글자더랑게요

시가 너무 흔해빠져서
시가 너무 시시해부러서
아무도 시인을 꿈꾸지 않는 시상이라지만

아따 시인의 맴으로
시상이 요러코롬 아름답게 보인다면
내는 그 시시한 시인이라도 함 되고잡소잉

---

* 마음의 사투리
** 시인 조기영
*** 아양의 진도 사투리

내가 나이 들었다고 느꼈을 때

어릴 때부터 나는
비 오는 날이 좋았다
토닥토닥 우산에 떨어지는
빗소리가 맘에 들었고
퐁당퐁당 길바닥에 튕기는
물방울도 재미있었다

엄마는 옷 버린다 질색하셨지만
비 오는 날 우산 들고
길을 걸으면
아무도 침범할 수 없는
나만의 우주를 가진 거 같아
기분이 좋아졌다

비 맞아 싱싱해진 나뭇잎처럼
무럭무럭 생각도 커지고
푸릇푸릇 마음도
싱그러워질 것 같았다
그리고 비 오는 날 풍경 속에 있으면
수채화처럼 세상이 멋져 보였다

비 오는 날엔
커피향도 깊어지고
파전에 막걸리
삼겹살에 소주
안주야 뭐가 됐든
술맛은 곱빼기가 됐다

그런데 언젠가부터
비 오는 날이 기쁘지 않았다
축축한 습기가 싫고
눅눅한 냄새가 거슬렸다
비젖은 옷빨래가 귀찮고
더 이상 비가 낭만적이지도 않았다

그때 나는 알았다
내가 나이 들었다는 걸
우산 들고 돌아다니는 것도
들고 나갔던 우산을 어딘가에서
꼭 잃어버리는 일도 이제는
성가신 일이 되어 버렸다

그렇게 내 청춘은 끝이 났다
비오는 날이 더는 신나지 않은 나이
재미보다 귀찮음이 앞서고
실용에 아름다움을 팔아버렸다
내가 나이 들었음을 알게 되었을 때
비 오는 날의 동화도 끝이 났다

소나기를 맞으며 실없는 생각을

산길을 걷다
예보에도 없는 소나기를 만난 날
어디 피할 데도 없이
허둥대다 궁시렁대다
내리는 비를 맞으며
엉뚱한 생각에 빠졌다

이렇게 비가 내릴 때
숲속 동물들은
다 어디에서 비를 피하지?
새들은 나뭇잎 사이
두더쥐는 땅속 어디
그렇게 자기만의 피난처가 있을까

아니면 우리가 모르는
작은 동굴이 있어
비오는 날이면 다 같이 모일까
숲속 동네 반상회를 하며
땡땡나무 아래에 덫이 있으니
조심하라는 정보도 나누면서

비오는 날이면
멧돼지부터 고라니
산토끼나 다람쥐까지
모두 한 자리에 모여
단합대회를 할지 몰라
장기자랑도 하겠지

꼭 한 번 보고 싶네
비오는 날 숲속 풍경
파전을 빼면 섭섭하니까
고소한 전도 부치고
누군가는 노래를
또 누군가는 춤을 추며

먹이 사슬에서 벗어나
힘센 동물 약한 동물
차별도 없이
비오는 날 하루 정도는
다 함께 모여
평화로움을 즐길 거야

느릿느릿 산길을 걸으며
한가로운 상념에 젖다
느닷없는 소나기에
어찌할 바를 모르는 중에
문득 숲속 동물들을 떠올리며
그렇게 실없는 상상을 했다

울보 할머니의 알뜰한 당신

옛날 우리 동네에 울보 할머니가 살았다
혼인한 지 십 년도 안 돼 신랑 죽고
삯바느질로 어린 아들 늠름하게 키워냈다
할머니 자랑이던 그 아들
잘생겼지 공부 잘하지
게다가 효자지
어디 한 군데 빠진 구석 없던 아들인데
마른하늘 청천벽력처럼
갑작스런 사고로 먼저 간 날
할머니, 심장이 도려내진 듯
숨도 못 쉬고 앓았다
다행히 몇 달 만에
자리에서 일어난 할머니
다시 바느질을 시작하셨다

그 무렵부터인가
한복집 할머니에서
울보 할머니로 별명이 바뀐 게
텔레비젼 연속극은 물론
뉴스에 나오는 흉한 얘기들
할머니 생전 듣도 보도 못한
저 먼 나라 사고 소식에도
그렇게 눈물바람을 하셨다
신랑 먼저 보내고
아들마저 앞세우며
흘린 눈물로 치자면
오대양 바닷물을 다 채우고 남으련만
할머니 눈에는 시도 때도 없이
사골국물 같은 끈적한 눈물이 흘렀다
때깔 고운 한복 자태
단호한 눈매에 어울리지 않게
할머니, 울보 할머니가 되었다

울고왔다 울고가는 설운 사정을
당신이 몰라주면 누가 알아주나요
알뜰한 당신은 알뜰한 당신은
무슨 까닭에 모른 척하십니까요*
할머니 마음 동하신 날이면
흘러간 옛 노래를 부르곤 하셨다
바느질 한 땀 한 땀
눈물 한 방울 한 방울
알뜰한 당신조차 몰라주는
할머니 서럽고 기막힌 사정을
그렇게 풀어내고 계셨던가

* 조명암 작사, 전수린 작곡, 황금심 노래
  '알뜰한 당신' 가사 중 일부

봄 편지

오늘, 당신이 계신 그 곳에
사월 봄눈이 왔다는 소식을 들었습니다
갓 돋아난 연한 초록 잎새들이
하얀 솜털 이불을 덮고 있는 풍경은
또 얼마나 예쁠런지요

제가 있는 이곳도 오늘 눈이 왔어요
펄펄 흰눈처럼 벚꽃눈이 내렸지요
바람에 날리는 꽃잎들은
이웃동네에 기쁜 소식이라도 전하러 가는지
훨훨 나비처럼 날아가더군요

별일 없으시죠?
가뜩이나 입 짧은 당신
끼니는 잘 챙기고 계시는지
걱정이 됩니다
향긋한 쑥국에
달래무침 한 접시면

긴 겨울에 달아난 입맛도
금방 돌아올텐데요

여기도 별일 없답니다
진달래 가니 철쭉꽃 오고
동백 진 자리에 벚꽃 피네요
내 머리 위에 살포시 내려앉은
벚꽃잎 하나
편지 속에 동봉할게요
오래된 그리움처럼
마르고 납작해진 꽃잎을요

새벽엔 한겨울이었다가
한낮엔 여름
저녁이면 가을이 되는
변덕쟁이 봄날씨에
감기 조심하시기를
그리고 마음에 품은 뜻

늘 정갈히 간직하시고
자중자애하시기 바랍니다
그럼 이만 총총

추신;
더 이상 가 닿을 곳 없는 편지
주소를 쓸 수도
우표를 붙일 수도 없어
오래된 시집 책갈피에
그렇게 무심히, 넣어둡니다

이 편한 구글 세상

나보다 나를 더 잘 알고 있는 그대
내가 잊은 나의 흔적들을
항상 친절하게 되짚어 주는 그대
구그르르르 구그르르르
마법의 주문이 되어
뭐든 알려 주고
모든 것을 챙겨주는
그대는 상냥한 나의, 나의, 나의

부르기도 전에 이미 다가와 속삭이는 그대
나의 갈망과 나의 혼돈
나의 허영과 나의 고독까지
구그르르 구그르르르
무슨 음식을 좋아하는지
오늘같은 날엔 어떤 음악을 듣고 싶은지
내 영혼의 주인이 된 그대
그대는 전능한 나의, 나의, 나의

엄마의 비밀 레시피
-시금치달걀 냉초국

나의 요순시대는 둥그런 밥상과 함께였다
할머니, 아버지와 엄마, 나를 포함한 형제자매들이
모두 밥상에 둘러앉아 밥을 먹던 시절
맛있는 반찬을 독차지하지도 못하고
편식 때문에 매번 꾸지람을 들으며
그 시대 가부장제 위계질서가 엄연한 밥상이었지만
누구도 함부로 하지 못할 견고한 보호막과
평온한 믿음이 양수처럼 우리를 감싸던 시대였다

그 요순시대가 대부분 엄마의 희생에
바탕한 것임을 알게 된 즈음부터였을까
차갑고 쓸쓸하고 네모진 식탁에 앉은 나는
자주 체하기 시작했고
맥락 없는 허기에 시달렸다
밥맛이 없어서 살맛을 잃은 건지
살맛이 안 나 밥맛이 떨어진 건지
헷갈렸을 때 나는 엄마의 레시피를 떠올렸다

식구들이 풀 죽어 밥숟갈에 힘이 빠지거나
맥 빠진 입맛을 되살려줄 무언가가 필요할 때
엄마가 만들어준 비밀 반찬
시금치달걀 냉초국이었다
요리책에도 나오지 않고 검색에도 없는
유일한 엄마의 레시피를
희미한 흔적만을 따라가는 고고학자처럼
나는 더듬거리며 복원해보기로 했다

먼저, 시금치를 준비한다
세상의 초록을 다 머금고 있는 것처럼
짙푸른 시금치를
잘 씻어 데친 다음 덤성덤성 먹기좋게 썬다
갖은 양념을 넣고 조물조물 무쳐준다
그리고 나서
짭쪼롬한 간이 서로에게 잘 베어 들도록
토닥토닥 다독여 준다

다음은 달걀 삶기다
쉽고도 어려운 달걀 삶기
닭의 알, 달걀님들을 냄비에 정중히 모시고
예의와 법도에 맞춰 삶아준다
여기서 중요한 황금분할은 반반이다
노른자 색이 진노랑 반, 연노랑 반이 되도록
시간을 잘 맞추고 정성을 기울여야 한다
쉽지 않다

생수에 식초와 설탕을 넣어 만든 초국은
새콤달콤 어우러지도록 냉장고에서 잠깐 쉬게 한다
이윽고 따로따로 준비한 재료들을 한데 모아
시금치가 달걀을, 달걀이 초국을
서로가 서로의 맛을 보듬고 싸안아
튀거나 모자람 없이 하나가 되도록 주문을 건다
정갈하게 담긴 엄마 요리를 보는 것만으로 이미
입속에 침이 고이고 허약한 영혼은 포만감에 젖는다

사실 내 요순시대에는 뽀빠이*도 등장한다
항상 파이프를 물고 다니는 선원 뽀빠이는
여자 친구 올리브가 위기에 처할 때마다
깡통에 든 시금치를 먹고 악당들을 물리친다
시금치를 먹은 나도 이제 뽀빠이처럼 힘이 세진다
세상 어떤 괴물을 만나도 무섭지 않을 만큼
어쩌면 엄마는 아주 오래 전부터 우리에게
초능력의 비밀을 전수해주고 있었던 건 아닐까

---

* 만화 영화 '뽀빠이'의 주인공.
시금치 통조림을 먹으면 힘이 세진다

어느 탄생 설화

봄은 여름에 시작된다
가장 왕성한 대지의 힘으로 잉태되어
뜨거운 한여름 햇살에 달구어지고
스산한 가을바람에 흔들리다
한겨울 매서운 시련을 이겨낸 끝에
드디어 봄은 태어난다
정월대보름을 지난 어느 이월보름
소박한 달빛을 담아
조그만 몸과 조그만 꿈을 가진
작은 봄이 태어난다

그렇게 꼬물꼬물 시작된 인생
비리거나 누린 걸 싫어해서
생일상에는 미역국과 고기 대신
쑥국과 쑥떡이 올라왔다
쑥국 먹고 쑥쑥 자라거라
쑥떡 먹고 쑥쑥 사람돼라
엄마 정성의 반의반에도 못 미치지만
그럭저럭 남들 흉내 내는 어른이 되었으나

여전히 세상에 자주 삐치고
이따금 허망한 열망에 빠진다

신화 속 곰의 시간이 더 필요한 걸까
쑥국 한 그릇의 든든함이
쑥떡 한 덩이의 끈끈함이
한 해를 견디게 하는 힘이 되어주던
엄마의 마법이 그립다
생일 수만큼 이마의 주름이 늘어도
엄마 가르침의 반의반에도 못 미치지만
나이 들수록 내 얼굴이
엄마 얼굴에 수렴되어 간다는 것
어쩌면 그것이 나의 마지막 위안이다

둘째 장

2020년 오월에서 구월

당신은 당신이 지은 죄의 희생자
You're the Victim of Your Crime*
- 코로나19를 기억하며

그 해 북반구의 겨울은 유난히 따뜻했다
어쩌면 그 가을 남반구에서 일어난
엄청난 산불이 서막이었을까
6개월이 넘게 불길은 지속되었고
1100만 헥타르에 이르는 숲과
10억 마리 이상의 동물들을 잃었다
화상을 입어 몸이 얼룩덜룩해진
아기 코알라의 사진은 전 세계 사람들의
마음에도 덩달아 시커멓게 화상을 입혔다

그 겨울은 무사히 끝나지 않았다
겨울과 봄 사이 어디에선가 시작된 역병이 돌고
불행이 늘 그렇듯 가장 약한 자부터 쓰러졌다
이유를 알 수 없어 사람들은 더욱 당황했다
애꿎은 동굴 속 박쥐들을 원망하기도 하고
낯선 이름의 동물들이 원인으로 지목되기도 했다

사이비 종교와 이단들이 난무하고
재난 영화나 SF 소설 속 장면들이 재현되었다
낡은 시대의 종말인가 새로운 시대의 개막인가
섣부른 예언과 반성과 혼돈이 뒤섞였다

사람들은 제각기의 방식으로 그 시간을 견뎠다
미세먼지로 뿌옇던 도시가 맑아졌다고
타지마할이 선명한 인도의 모습과
파랗게 펼쳐진 베이징의 하늘이
역병의 역설이라는 제목으로 뉴스에 실렸다
아프리카에서는 사자들이 길 한복판에서 낮잠을 즐기고
사람이 멈춘 곳에서 야생동물들이 한가로이 거닐었다
그런 모습을 보며 사람들은 잠시 부끄러워했다
자신의 터전을 자신의 손으로 파괴하고 있던 모순을
이기심을 위해 다른 존재를 외면해왔던 진실을
무한 욕망을 부추기는 자본주의를

적어도 나는 그런 무리에서 비켜나 있다고
가능한 소박한 삶을 살려 애썼고

원래 육식을 좋아 하지도 않았으니 그나마
지구에 좀 덜 위협적이었노라 죄책감을 덜어보지만
아뿔싸, 어느새 내 주변을 에워싼 쓰레기는
그런 변명을 조용히 비웃고 있었다
치워도 치워도 쓰레기는
언제나 산더미처럼 다시 부풀었다
고해성사라도 하듯이 분리수거를 마치면
다시 홀가분한 기분으로 쓰레기를 쌓아 가는
이상한 쓰레기 나라의 앨리스

그 겨울 나는 코로나 대신 알러지를 앓았다
양의에서는 면역력 결핍이므로
환경과 스트레스를 주의하라고 했다
한의에서는 몸의 조화가 깨진 것이므로
음식과 스트레스를 주의하라고 했다
지어온 약을 채 다 먹기도 전에
알러지는 슬며시 사라졌지만
이후에도 알러지는 시도 때도 없이
슬쩍 왔다가 슬그머니 사라지기를 반복했다

물론 나는 이미 알고 있었다
역병과 내 알러지와 산불의 비밀까지

결국 당신은 당신이 지은 죄의 희생자이므로
You're the Victim of Your Crime

---

* Queen의 노래 'Too much love will kill you'의
　한 구절

호구 씨의 그물

호구 씨는 보통의 대한민국 남성이다
특출 나게 잘 하는 것도 없고 딱히 못하는 것도 없이
초중고를 거쳐 그런저런 대학에 입학했다
왕따는 안 당할 정도의 교우관계를 유지했고
부모님이 크게 상심할 일도 만들지 않았다

하지만 호구 씨 영혼의 맑음을 일찍이 알아본 이들이
교내 벤치에 앉아있던 호구 씨에게 다가온 것이 시작이었다
하늘에 계신 어떤 분이 호구 씨를 특별히 사랑하고 계시며
그런 호구 씨에게 생명의 양식을 나누고 싶다는 것이었다
마침 배가 고팠던 호구 씨는 잠시 망설였으나
생명의 양식 대신 학교 식당의 점심 메뉴를 선택했다

지하철 입구에서는
청순한 두 여성이 호구 씨에게 말을 걸어왔다
도를 아시나요?
도라면 길 도, 호구 씨가 아는 길이라고는
집으로 가는 길과 학교 가는 길 정도일 뿐일지라도
가능하면 성의껏 대답하리라 마음먹은 호구 씨였으나

그녀들이 묻는 길이 어디인지 도무지
알 수 없다는 것이 호구 씨로서도 못내 안타까웠다

취직을 한 호구 씨에게 수많은 이메일이 날아들었다
밤이면 무지 세진다는
묘약을 주겠다는 사람들이 앞을 다투었고
김미영 팀장을 비롯한 금융계에서도
호구 씨에게 돈을 주고싶어 했다
심지어 이국의 미녀들도
호구 씨와의 만남을 고대하고 있었다
이메일 다음에는 핸드폰 문자들이 쏟아졌다
알지도 못하는 선후배의 청첩장과 부고가 전해졌고
언젠가부터는 사지도 않은 냉장고와 골프채가
결재되었다고 했다

유난히 피곤하고 어깨가 축축 처지던 어느 퇴근길에
문득 길을 멈추고 뒤를 돌아본 호구 씨는
그가 지나온 거리에 온통 그물이 쳐진 것을 보게 되었다
어떤 사람들은 그물에 걸려 허우적대고 있었고

또 어떤 사람들은 유유히
그물 사이를 잘 빠져나가고 있었다
왜 그런지 이유는 알 수 없었다

알고 보면 호구 씨가 거쳐온
수많은 길목마다 그물이 쳐져 있었고
덫을 피하거나 미끼를 물지 않은 것은
순전히 운이 좋았을 뿐이었다
호구 씨는 그물에 대해서
처음으로 깊이 생각하기 시작했다
순간 호구 씨의 주머니에 든 핸드폰에서
문자 알림 진동이 울렸다
호구 씨의 호구스러운 삶을 권하는
친절한 안내문일 지도 몰랐다
처음으로 호구 씨는 배짱을 부리며
징징대는 문자를 외면했다

앞과 뒤

처음에 둘은
가장 친한 친구였다
하나의 심장
하나의 영혼
뗄 수 없는 운명이었다

하나가 웃으면
하나가 빙그레 따라 미소짓고
하나가 화를 내면
다른 하나는 더 화가 나
머리에 뿔이 돋을 지경이었다

언제일까 하나이던 마음이
점점 어긋나기 시작한 것은
웃으면 왜 웃는지, 아님 비웃는지
화를 내면 그게 화낼 일인지
서로 내 맘 같지 않아졌다

하나는 앞서 가고
하나는 뒤를 따라갔다
하나는 다가올 미래를 말했고
하나는 지나온 흔적을 생각했다
둘은 서로를 믿지 않게 되었다

하나가 빛날수록
다른 하나는 후줄근해졌다
하나가 우쭐할수록
다른 하나는 고독해졌다
둘은 서로를 창피해했다

마지막 둘이 만났을 때
하나가 말했다
내 눈은 앞을 향해 있고
내 발은 앞으로 걸을 수밖에 없어
하지만 난 항상 널 사랑했어

마지막 둘이 만났을 때
다른 하나는 말했다
난 늘 너의 발자국을 좇으며
부끄러움과 후회 속에 살아야했어
하지만 그래도 널 사랑해

하나가 마지막 숨을 내쉴 때
다른 하나는 그런 하나를
지켜보며 깊은 안도를 느꼈다
하나의 심장, 하나의 영혼
둘은 같은 운명이니까

루루 커플

루저와 루저가 만났으니
우리는 루루 커플
하나와 하나가 만나
덧셈이 아닌 뺄셈이 되는
기막힌 셈법도 있다는 걸
속셈 학원에서는 못 배웠지

그렇다고 부정적인 것만은 아냐
하나가 하나와 떨어져도
무심한 하나가 될 수 있다는 걸
어쩌면 그것이 우리의 긍정
그래서 루루 커플은 즐겁게
루루 할 수 있지

하나가 다른 하나를
연민하고 낙관하며
비록 바닥에서 뒤뚱대고 있지만
언젠가 멀리 비상을 꿈꾸는
희한하게 진화한 닭둘기처럼
루루 커플은 오늘도 안녕하지

연애편지 쓰는 노인*

노인은 잠들기 전에 늘 연애편지를 쓴다. 지하철에서 자리를 양보한 젊은이에게 쓰기도 하고, 시골 장날 좌판에서 식은 점심을 먹는 할머니에게 쓰기도 한다.

어제는 공원에서 만난 강아지에게도 썼다. 강아지는 슬렁슬렁 꼬리를 흔들며 노인을 반겼고, 노인은 그 강아지가 사랑받을 충분한 자격이 있다고 생각했다. 빨리 죽어서 수컷 강아지로 환생해도 좋겠다고 노인은 생각하며, 그 생각이 맘에 들어서 혼자 빙긋 웃었다.

노인은 가끔 옛 연인에게 편지를 쓰기도 한다. 첫사랑 소녀, 짝사랑 그녀에게도 여전히 애틋한 편지를 쓴다. 컴퓨터 자판으로 쓰는 글에는 영혼이 없어, 노인은 아직도 종이에 만년필로 편지를 쓴다. 한 자 한 자 조각이라도 하듯이 종이에 마음을 새긴다.

노인의 편지 쓰기는 무슨 제의나 기도처럼 보이기도 한다. 연애편지를 쓰는 시간이 노인은 가장 행복하다. 그녀를 만나던 순간의 풍경이 어떻게 변했는지, 햇빛 속에서 방울방울 퍼져나가던 그녀의 웃음과 그녀에 대한 수만 가지 기억들을 떠올리는 것만으로도 노인은 가슴이 두근거리고 벅찬 기쁨으로 황홀해졌다.

편지가 완성되면 노인은 봉투 안에 넣고 조심스레 풀을 붙인다. 겉봉에는 유려한 필체로 노인이 명명한 받는 이의 이름을 쓴다. 편지 쓰기가 끝나야 노인의 하루 일과도 완결된다.

연애편지에 골몰한 나머지 노인은 줄곧 독신으로 살았다. 때로 삶이 쓸쓸하지 않은 것은 아니나 그 반대였다 해도 역시 쓸쓸했을 것이므로 노인은 특별히 더 쓸쓸해하지는 않았다. 언젠가 노인은 마지막 연애편지를 쓰게 될 것이다.

자신의 육신과 평생 쓴 연애편지들은 모두 재로 돌아갈 것이므로 노인은 남은 빚이 없다, 다행이다.

---

* 루이스 세풀베다의 '연애소설 읽는 노인'에서 제목을 따왔다

늙어서 시를 외운다는 것은

하루에 한 편씩 시를 외워보기로 한다
학창시절에도 잘 안 하던 짓을
치매가 눈앞인 늘그막에 하고 있다
웃기고 실없다

생각해보니 내 시집들은 다 오래됐다
열과 정이 솟구쳤으나 갈길 몰랐던
한때 푸르고 빛나던 시절의 흔적들이
유산처럼 낡은 시집으로 남았다

그리고 이제 내게 황혼이 오고
다시 시집을 펼친다
이상한 수미쌍관법이지만
저물녘 노을이 더 아름답지 않은가

비밀에 싸인 숲길을 걸으며
시를 외우다보면
시 한 구절에 한 발자국씩
한 시인의 세계로 들어간다

언덕을 넘고 구름도 훌쩍 넘어
쭉쭉 뻗은 나무들 사이로 비치는
시인의 세계는 낯설다
불편하고 외롭고 간절하다

한 시인의 세계를 엿보고
한 시인의 마음을 듣다가
한 시인의 그리움 속으로
어느새 들어가 있다

하지만 예전처럼 시 한 소절로
가슴에 타박상을 입거나
감전을 당하지는 않는다
하여, 숲에서 길을 잃을 염려는 없다

나이가 들어서 시를 외운다는 것은
이토록 안전하다
시인이 바친 숱한 불면과 뒤척임 덕에
나는 상처 없이 편안하고 평화로울 수 있으므로

던킨 도너츠의 추억

미국 영화에서 뚱뚱한 형사들은 대개
도너츠를 베어 물고 있었다
대부분 낙천적이고
딸과 아내를 무척 사랑했다

나의 던킨은 오래 전 단풍나라 캐나다
그 겨울 토론토 거리에서 나누던
뜨거운 커피와 도너츠의 추억
가난한 학생을 데워주던 다정한 위로였다

먼 이국땅의 추위를 견디는 게 전부였던
내게 성공 스토리 따위는 없다
딴내 나는 노력도
역전의 한방도 없었다

다만 얼얼한 찬 공기 속으로
피어오르던 커피 향의 승천과
혀에 붙는 끈적하고 달콤한 기름기만이
내게 한 시절 기억으로 남았다

도너츠는 이제 더 이상
후덕한 형사의 일용할 양식이 아니다
고열량은 빠르게 도태되어야 할
웰빙 시대의 공적이 되었다

이름에서 도너츠를 뺏기고*
외롭게 살아남은 던킨은 가끔
시골 터미널에서 길을 잃는 내게
한 잔의 친절한 위안을 건넨다

* 2018년부터 '던킨 도너츠'는 이름에서 도너츠를 삭제했다

발빠짐 주의

지하철 문이 열리고
사람들이 쏟아지고
기계음이 자지러진다
발빠짐 주의 발빠짐 주의

기계는 좋겠다
영혼이 없어서
싫증도 안 내고 목이 쉬지도 않는다
발빠짐 주의 발빠짐 주의

어쩌면 내가 딛는 한 발 아래
커다란 아가리를 벌리고 기다리는
무수한 추락의 유혹들
발빠짐 주의 발빠짐 주의

높은 곳에서 떨어지는 꿈을 꾸던 때
더 나은 미래를 위한 추락은
처절하고 찬란했다
발빠짐 주의 발빠짐 주의

이제는 도약할 시간도 없이
나락만이 남은 내 인생에
누가 저토록 나의 안위를 걱정해주랴
발빠짐 주의 발빠짐 주의

지하철이 떠나고
사람들도 사라지고
캄캄하고 텅 빈 어둠 속 이명
발빠짐 주의 발빠짐 주의

오래된 표절

비는 바람을
표절하고
바람은 구름을 표절한다

꽃은 풀을 표절하고
풀은 나무를 표절하고
나무는 산을 표절한다

삼각형은 사각형을
사각형은 원을
원은 점을 표절한다

미래가 과거를
과거가 현재를
표절하듯

나는 너를
너는 그를
그는 그녀를

표절하고, 그 중에서
가장 오래된 표절은
사랑이다

컨트리 음악을 듣는 고양이들

토론토 노스요크에 있는 쉐어아파트에 들어섰을 때 고양이가 두 마리 있었다. 잠시 당황한 건 사실이었다. 한 녀석은 보안요원처럼 슬쩍 다가와 검문이라도 하듯 어슬렁거렸고 다른 녀석은 감시 카메라처럼 멀찍이 숨어서 눈만 반짝이며 지켜보고 있었다.

태비와 딕시, 그들의 이름이었다. 아브라함 링컨이 기르던 두 마리 고양이 이름을 따서 지었단다. 벽에는 여기저기 고양이 그림들로 넘쳤고 소파며 카페트엔 온통 고양이털로 범벅이었다. 어쨌든 첫눈에도 녀석들은 대조적이면서 꽤 잘 어울리는 든든한 커플이었다.

태비는 누런색 얼룩덜룩 무늬의 덩치가 큰 녀석이었다. 딕시는 윤기 나는 검은색 털을 가진 날씬한 고양이었다. 태비는 붙임성이 좋고 낙천적이었다. 게다가 입가에 점이 하나 있어 살짝 비웃는 듯한 표정도 재미있었다. 딕시는 새침하고 비밀스러운 귀부인 같았다.

그렇게 내 생애 첫 고양이들과 나는 만났다. 고양이라면 애드가 알란 포의 '검은 고양이'나 어릴 때 따라부르던 '검은 고양이 네로'란 노래 외에는 몇 가지 편견밖에 떠오르는 게 없었고, 그들에게 나 역시 처음 보는 아시아계 이방인이었다.

태비는 아무래도 고양이 탈을 쓴 개임에 틀림없었다. 아침이면 내 방 앞에서 기다리다 욕실까지 따라왔고 세면대에 들어가 동그랗게 몸을 말고 있는 것을 좋아했다. 늘 뒤를 졸졸 따라다니며 응석을 부리거나 부엌 선반 위에서 내가 하는 서투른 짓들을 지켜보곤 했다.

딕시는 마음을 잘 내주지 않는 녀석이었다. 항상 숨어 있거나 멀리서 바라보는 걸 좋아했다. 어쩌면 내게 약간의 적의를 가졌는지도 모르겠다. 내가 집을 비운 사이 몰래 내 방에 들어가 쉬를 한 적도 있었으니까. 녀석은 그 방의 주인은 자기라고 생각했던 것 같다.

수업을 마치고 집에 가면 녀석들은 늘 컨트리 음악을 듣고 있었다. 우리나라에서는 단종된 지 오래인 골드스타 금성의 라디오에서 나오는 음악이었다. 이국에서 보는 금성은 반가웠고 컨트리 음악을 즐겨 듣는 고양이들의 취향을 나는 당연히 존중했다.

얼마 후 크리스마스가 왔고 긴 휴가가 시작되었다. 고양이들의 주인은 멀리 여행을 떠났다. 집에는 컨트리 음악을 좋아하는 고양이 두 마리와 타국에서 채 적응도 안 된 나만 남았다. 추운 나라의 긴 겨울 내내 눈이 내리고 눈이 쌓였다.

눈이 내리면 고양이들은 창턱에 앉아 눈 내리는 풍경을 가만히 바라보고 있었다. 둥글고 우아한 뒷모습은 정물화처럼 몇 시간이고 꼼짝도 않고 그대로였다. 눈을 바라보는 고양이들과 고양이들을 바라보는 나는 그림 속 그림 속 그림 같았다.

세월이 흐르고 나는 가끔 태비와 딕시를 생각한다. 낯선 언어와 준비 없이 맞은 긴 휴가와 추위와 막막한 겨울을. 이제 나는 안다. 고양이들이 각자의 방식으로 외로운 이방인에게 건넨 위로를. 지금도 컨트리 음악은 내 취향이 아니지만, 태비와 딕시를 이어주는 나의 마들렌이다.

시골에 살아요
- 긍정 초보편

서울 사람들에게 서울 외의 지역은 모두 시골이다. 원래 시골이란 말이 서울 아닌 곳을 일컬었으니 틀린 말도 아니다. 그러나 한때 대한민국 제2의 도시에 살던 자부심으로 발끈하곤 했었다. 이제는 그런 촌스런 자부심 따위 서울에 택배로 보내버렸다.

미국 사람들은 미국 외의 다른 나라에 별로 관심이 없어 보인다. 뉴욕에 사는 도시 쥐들은 미국 시골 쥐들을 은근 무시하겠지. 서울 쥐들은 또 뉴욕 쥐들을 선망하고. 그러므로 애초에 시덥잖고 우스운 이야기다.

이제야말로 진짜 시골에 사는 나는 시골이란 말이 좋아졌다. 시골시골 말하면 어디서 나무 이파리 간지럽히는 바람이 불어오는 것 같다. 시골시골 말하면 귓가로 조약돌 스치는 맑디맑은 시냇물 소리가 흐른다. 평생 흙을 밟고 살아온 사람들의 지혜와 낙관을 닮은 시골의 건강함도 좋다.

하지만 시골이라고 만만한 곳이 아니다. 가장 강적은 벌레다. 그런데 생각해보면 그건 벌레의 잘못이 아니다. 원래 그들이 살던 곳에 인간이 쳐들어온 거다. 벌레의 입장에선 적반하장도 유분수지, 맞다, 백번 옳다.

시골이라고 잔인하지 않은 것은 아니다. 평화로움이란 질서 정연한 냉혹함이란 걸 배운 곳도 시골이다. 자연스러움이란 치열한 생존경쟁의 결과라는 것도. 그래서 여기저기 쳐진 거미줄 하나도 함부로 걷어버리지 못한다.

그럼에도 시골이 아름다운 건 다른 생물에게도 살 곳을 내주고 함께 살기 때문이다. 밤에는 어둡게 낮에는 환하게 다 같이 살아가기 때문이다. 보이지 않는 수많은 존재들에게 빚지고 살고 있음을 알기 때문이다. 그러므로 시골에서는 누구나 겸허해져야 한다, 까불다간 큰코다치니까.

지구 체류를 허함

누구냐, 넌?
갑작스런 내 질문에 너는
입을 닫고 묵비권을 행사한다

세기말 어느 때쯤 지구에서 태어났고
인간 종 여성에 국적은 대한민국
정체는 오리무중

굳이 분류하자면 개인주의자
실천과는 거리 먼 진보지향에
편리를 포기하지 못한 친환경주의자

무신론자이거나 범신론자고
'지배받기 싫으므로 지배하지 않는다'주의에
채식 선호자이기도 하다

자유롭기를 바라나 게으르고
독립을 원하나 무능하다
정체는 갈수록 모순에 빠진다

다행히 어중이떠중이란 항목이 있다
외 기타 여러분
이런 분류 제목에 나는 조금 안심한다

공격 성향이 높은 특이종은 아니므로
무리 속에 묻혀 살기에 무리는 없어 보인다
너의 지구 체류를 허한다

영원을 믿다니, 참

예전에 나는 영원을 믿었다
한번 내게 온 것은 영원히
사라지지 않는 내 것이라고

내가 읽은 시는
영원히 내 가슴에 새겨져
나의 노래가 되고

내가 만난 사람들은
생이 끝날 때까지
나와 함께 살아갈 거라고

그렇게 믿었다
내가 기억하기만 한다면
영원히 나와 함께 할 거라고

그리고 이제 영원은커녕
찰나조차 믿을 수 없음을 안다
끊임없는 소실과 망각만이 영원할 뿐

그럼에도 나는 믿는다
나의 기억과 나의 사랑은
나와 함께 불멸할 것임을

그 찰나의 영원 속에
우주의 먼지처럼 떠돌다 아주 잠깐
먼빛에 닿아 반짝, 하는 순간을

가장 슬픈 일

멜라니 사프카가 부르는
The saddest thing
멜랑꼴릭한 목소리의 이 노래를 듣던 시절
나는 영어 시간에 최상급을 배웠고
슬픔도 최상급이라면 멋지겠지
하는 철없는 생각들로 희망찼다
나이 들수록 삶은 최상급에서 멀어지고
슬픔도 죄다 허접한 하급들뿐이었다

그리고 오늘 나는 냉장고 야채칸을 열었다
뭔가를 찾기 위해 구석구석 뒤적이다
내가 발견한 것은 채소와 과일의 사체들
허연 곰팡이를 뒤집어쓰고 있거나
한쪽이 시커멓게 상해가거나
심지어 진물이 흐른 채
생을 끝내야 했던 그들의 마지막 시간이
너무 끔찍해 한동안 숨을 쉴 수 없었다

눈에서 멀어지고 마음에서 잊혀져
외면당하고 유폐당한 채
야채칸에서 고독하게 죽음을 맞았을 그대들
태양 아래 제일 슬픈 일은
이런 것일 거다
가장 빛나던 시절을 제 이름대로
제 쓰임대로 살지 못하고
독을 품은 채 외로이 죽어가는 것

나는 그들의 아름다운 생을 말살한 나쁜 ×이다

늑대와 빨간 망토 소녀와
토이 스토리

늑대와 빨간 망토 소녀가 함께 자전거를 타고 간다
어디 소풍이라도 가는지 신나고 기대 가득한 표정이다
도대체 늑대와 빨간 망토 소녀에게 무슨 일이 있었던 걸까

혹시라도 늑대가 소녀를 협박하고 납치하는 건 아닐까
옷 속에 끔찍한 흉기를 감춘 채 겉으론 웃으며?
아님 소녀가 거액의 돈을 주겠다고 회유라도 한 걸까

욕조에 몸을 담그고 반신욕을 즐기는 원숭이나
앨리스의 약을 훔쳐 먹고 새끼손가락보다 작아진 기린에게
아니면 나무 조각 퍼즐 코끼리에게 물어보고 싶다

이제 너무 늙어 한 쪽 눈알이 빠진 도마뱀은 알고 있을까
하얀 토끼 저금통과 곰돌이, 못난이 인형 삼형제는?
이 아이들은 내가 없는 동안 무얼 할까, 궁금하다

책장에 꽂힌 책 중에 제목이 맘에 드는 책을 골라 읽을까
이것저것 뒤적이거나 컴퓨터를 켜고 검색을 할지도 몰라
제일 재밌기로는 방주인의 흉을 보는 일일 텐데

주인 없는 방에서 일어날 짜릿하고 황당한 사건들
너무 따뜻한 토이 스토리를 기대하진 말자
주도권을 놓고 거친 싸움과 암투가 벌어질 지도 모르니까

아무튼 내 마우스 패드에는 친절한 동네 오빠 같은 늑대와
막내 동생처럼 천진한 눈빛의 빨간 망토 소녀가
할머니 집을 나와 함께 자전거를 타고 가는 그림이 그려져 있다

둘이 공범일까, 아니다, 너무 나가진 말자
어디까지나 동화여야 한다, 세계평화를 위해서라도
하지만 정말 궁금하다, 빨간 망토 소녀의 비밀이

엎질러진 물

이미 엎질러진 물은
더 이상 절망하지 않아

온몸이 흠뻑 젖어본 사람은 알지
함께 액체가 되어 흐르는 운명을

엎질러진 게 물이라서
얼마나 행운인지 몰라

햇빛이라도 나면 금새
모든 게 잊혀질 거니까

얼룩이 좀 남을 순 있어
하지만 바람이 불면

흔적도 사라져
네가 있던 기억조차

바래고 없을 거니까
영영 없을 거니까

나의 딸기와 연적 민달팽이

친구네 앞뜰에 살던 딸기 몇 포기를
데려다 우리 집 앞뜰에 심었다
추운 계절 매서운 바람과 눈이 퍼부을 때도
심지어 다시 봄이 와 새싹이 움트고
수선화와 홍매화, 개나리가 피고지는 동안에도
나는 딸기를 까맣게 잊었다
하얀 딸기꽃이 둥실 피어오르기 전까지는

딸기의 명성에 비해서는 소박한 꽃이었다
처음 딸기꽃을 본 나는 그 반전에 반해서
사진을 찍어 언니들에게 보내며 자랑을 해댔다
그러나 언제인지도 모르게 딸기꽃이 지고
진분홍 철쭉이, 화려한 작약이
붉디붉은 장미가 연이어 피기 시작하자
나는 또 금새 흰 딸기꽃을 잊었다

그리고 어느 아침 눈 밝은 이가 있어
빨간 딸기 몇 알을 나에게 따다 주었다
내 앞뜰에서 자라난 딸기의 기특함에 흥분한 나는

딸기의 연한 붉은 색과 은은한 향에 대해
새침하고 야무진 맛에 대해 찬탄했다
사실 그 딸기들은 울퉁불퉁 제멋대로에 단맛도 적었다
하지만 나는 이미 내 딸기를 사랑하게 되었기에
못생김과 풋맛과 미숙함도 모두 사랑스러웠다

그때부터 나의 관심은 온통 딸기에게 쏟아졌다
긴 옷을 입고 장갑을 끼고 전지가위까지 챙겨
몇 포기 안 되는 나의 딸기밭을 탐색했다
초록색 잎사귀 새로 살포시 숨어있는 내 연인이여!
하지만 나는 곧 막강한 경쟁자를 발견하고 말았다
제일 크고 예쁘게 익은 딸기만을 공략하는 그것은
끈적이는 침을 질질 흘리고 다니는 민달팽이였다

괘씸하지만 민달팽이도 먹고 살아야 하니까
양보할게, 라고 나는 너그러운 척을 했다
내막인즉 민달팽이가 훨씬 부지런하고 똑똑해
내가 이길 수 없음을 알았기 때문이다
우리는 시차를 조건으로 평화협정을 맺었다

민달팽이는 밤의 연인, 나는 낮의 연인
민달팽이와 나는 비록 연적이었으나
각자의 방식으로 딸기를 사랑했다

밤이슬 위로 민달팽이가 다녀간 뒤 남은 딸기들
엄지발톱만한 것부터 새끼손톱만한 것까지
올망졸망 다정하게 모여 있는 나의 딸기들
손에 쥘 때 느껴지는 연약하고도 단단한 감촉과
혀에 닿는 순간 맹렬하게 터지는 맛의 파편들
그렇게 함께 보낸 시간들 때문에 이제 나는
다시는 나의 딸기를 잊을 수 없게 되었다
미끌미끌 밉상이지만 부지런한 민달팽이까지도

무지개 만들기

가슴 뛰는 일이 없다
설레는 일도 없다
뇌가 게을러졌거나
늘상 되풀이 되는 일상이
시들해졌겠지

무지개를 보면 가슴이 뛴다던
옛 시인의 글*이 생각나
나도 무지개를 찾아나섰다
그러나 언제나 그렇듯
무지개는 저 너머에 있다

그래서 나는
무지개를 만들기로 했다
연금술사도 아니고
마술사도 아닌데
어떻게 무지개를 만들까

고민하는 중에
그래도 놀면 뭐하나
마당 나무들에 물을 주었다
그리고 나는 알게 되었다
소 뒷발에도 쥐가 잡히는 법

물과 기다란 고무호스
준비물은 이게 다다
하루에 두 번
오전엔 서쪽을 향해
오후엔 동쪽을 향해

키 큰 나무에 닿을 만큼
높다란 물줄기를 뿜어주면
물방울과 햇빛이 만나는 곳
어딘가에서 찬란한 무지개가
숨은 그림처럼 슥 나타난다

무지개를 보고 싶을 때마다
나는 나무에 물을 뿌린다
그리고 물과 빛이 만들어내는
그 천진한 기쁨의 춤에
내 가슴은 절로 뛰고 만다

* 윌리엄 워즈워스William Wordsworth 시인의
  'My Heart Leaps Up'

전공은 뒹굴뒹굴 부전공은 떼구르르

내가 뭘 잘하는지
정말 궁금할 때가 있다
밥도 많이 못 먹고
운동도 못 한다
손놀림은 느리고
몸치에
술도 약하다

오늘처럼 비 오시는 날
출근 안 해도 되는
행복한 백수의 특권
하루 종일 빗소리 들으며
이리 뒹굴 저리 뒹굴
그러다 한 번씩 추임새로
떼구르르

이 분야는 타의 추종불허
자신 있는 내 전공이다

흐비흐비흐비비

흐비흐비흐비비*
요즘 날씨다
미친 거 같다
날씨가 아프면
어디서 치료하나

흐비흐비흐비비
요즘 내 기분이다
정상이 아니다
마음이 아프면
누구한테 위로받나

흐비흐비흐비비
어느 동양화 속 산꼭대기
바위틈에 나무 한 그루 있어
그 위에 잠깐 몸을 쉬는
새 울음소리 같은

흐비흐비흐비비
흐비흐비흐비비

---

* 흐림, 비, 흐림, 비, 흐림, 비, 비.
일주일 동안의 날씨

셋째 장

2020년 시월에서 2022년 오월

나의 사치스러운 생활

아침에 일어나서 블라인드를 걷고
창문을 열면 어느 새 달려와
개꼬리 춤을 추며 반겨주는 당당이
하루 밤이 일 년이라도 되는 듯
아침마다 되풀이하면서도 늘 처음인 듯
그토록 애틋하게 건네는 아침 인사

문을 활짝 열어 맑게 씻긴 바람과
갓 구운 햇빛을 듬뿍 집안으로 들인 다음
짧은 청소를 마치고
잠시 반짝거리는 집을 돌아보며
음악을 켜고 커피를 마시는 시간
맑은 날 누리는 최고의 호사

차 안에서 흘려보내던 무의미한 시간들
단 몇 분에도 매번 짜증과 화가 치밀고
지구 환경이 이토록 심각한데
사람들이 왜 다들 차를 끌고 나오는 거얏
(나만 빼고)
이런 교통체증의 시간이 없다는 것

숨을 깊게 들이쉬면 코에서 입으로
그리고 온몸으로 채워지는 공기 입자들
숨을 쉬는 게 이런 느낌이란 걸
살아 있음, 삶이라는 명료한 의미를
저절로 알게 될 것 같은 행복한 착각
요즘 내가 누리는 사치스러운 생활이다

텅 빈 운동장에서

비 오는 날 텅 빈 운동장 트랙은 몹시 심심해 보인다
빗물에 말갛게 씻겨 트랙의 흰 선들은 더욱 선명하다
뛰고 걷는 무수한 신발 아래 힘들었던 시간들을 보내고
오랜만에 빗방울 샤워를 하며 한가하게 쉬나보다

그래도 혹시 너무 쓸쓸할까봐 우산을 펴고 트랙을 걷는다
8개로 나누어진 트랙을 차례차례 걷다 보면
어떤 것은 유난히 울퉁불퉁 물웅덩이가 많이 고였고
또 어떤 것은 더 말끔하거나 왠지 더 잘 생겨 보인다

똑같은 시간에 똑같이 시작된 여덟 트랙의 운명이
왜 이렇게 달라졌을까, 트랙들도 서로 질투를 할까
잠시 생뚱맞은 생각에 빠진 동안 어느 새 트랙은 끝난다
비는 이미 그쳤고 나는 우산을 접고 운동장을 떠난다

부재한 사랑

지독히도 맛없는 사과를 먹었어
맛도 없는 사과를 그만 먹을까
그래도 건강을 위해 그냥 먹을까

내가 한 입 베어 문 사과는
그 유명한 애플이 될 리도 없고
백설공주의 사과가 될 수도 없지만

사과라는 말이 나온 김에
너에게 사과를 건네고 싶어
그때 나의 모자람과 유치함에 대해

부디 용서까지는 안 바랄게, 다만
철지나 철든 내 사랑에 대하여
때 늦은 연민을 연민해줘

왜곡과 편집으로
기어코 재생되고야 마는
우리 어설픈 젊은 날

세상의 많은 것에 실망한 자의
냉소와 슬픔이 배어있는
너의 무취한 갈망

세상 의무에 충실하던
그 성실한 노예근성마저
그리운 날이 오고

드디어 너는 내 곁에 없어
네가 떠난 그 순간부터
내 사랑은 비로소 시작되니까

티타임의 지구 종말론

점심시간이 지난 오후의 커피숍은
적당히 한가하고
드문드문 사람들이 앉아 있어서
혼자 티타임을 즐기기에 나쁘지 않다

커피 한 잔과 치즈 케잌 한 조각
비터 앤 스윗 Bitter and Sweet
인생의 쓴맛을 좀 본 사람들은
쓰디쓴 달콤함의 순간을 잊지 못한다

커피 한 모금 마시고 케잌 한 입 먹고
케잌 한 입 먹고 커피 한 모금 마시고
규칙적으로 반복되는 지루한 동작 사이로
건너편 사람들 이야기가 간간이 끼어든다

잠시 쉼표를 찍듯이 창밖을 내다본다
내 앉은키만한 꽃나무 작은 이파리들이
맹렬히, 필사적으로 몸을 떨고 있다
폭풍우의 예고인가, 지구 종말의 예언인가

어쩌면 인류의 미래에 대한
불길한 계시를 들려주고 싶은 지도 모른다
그러나 카페인에 취한 내 영혼은 탁하고 둔해서
저 여린 식물의 경고를 알아채지 못한다

설령 지금 이 커피숍에서 지구 최후의 날을
맞는다 해도 나는 딱히 할 일이 없다
단지, 남은 몇 방울 커피를 마저 마시고
마지막일지도 모를 케익을 정성껏 오물거릴 뿐

그렇게 위험하고 단조롭던 나의 티타임은 끝나고
커피숍을 나왔을 때 거리는 조금 낯설었다
아쉽게도 지구 종말은 오지 않았고
꽃나무 이파리의 떨림은 멈춰 있었다

병원, 놀이동산, 프루프록 씨와 검정치마
- 내 인생의 어떤 5시간

2020년 12월 10일 오전 11시 30분
나는 이동용 침대에 누웠다
쏟아지는 천정 불빛만 황망히 쫓으며
복도를 지나고 엘리베이터를 탔다
노련한 기사는 수술대에 나를 태우고
영원 같은 시간을 달렸다
처음 롤러코스터를 타는 철부지 소녀마냥
나는 두려움과 짜릿함에 몸을 떨며
수술실에 도착했다

수술실은 SF영화 속 가상현실처럼 무표정하고
알 수 없는 어느 도시 야시장처럼 시끄러웠다
수술대 위에 누운 수많은 환자들의
이름과 나이를 묻는 질문들이 이어졌고
나는 갑자기 오래도록 잊었던 프루프록 씨의
시 한 구절을 떠올렸다
'수술대 위에 에테르로 마취된 환자처럼
저녁놀이 하늘에 펼쳐져 있을 때'*

에테르 냄새도 없고 저녁도 아니었지만
그 시를 읽던 옛 기억으로 나는 수술대 위에 펼쳐진
무력하고 생경한 시간을 견뎠다

이윽고 나는 마취실로 옮겨졌고
수술실과 마찬가지로
나의 정체를 묻는 간단한 질문이 이어졌다
나는 드라마에서 많이 보던 장면을 떠올리며
일에서 열까지 세야 하나
마음의 준비를 하고 있었는데
펑~ 요술처럼 이미 나는 사라졌다

환각처럼 극심한 고통이 느껴지고
간호사의 목소리가 지나가고
다시 기억은 함몰됐다

그리고 의식이 돌아왔을 때
나는 간호사에게 시간을 물었다
오후 3시 55분입니다

내 인생에서 딱 4시간이
없어졌다
신기했다

회복실에서 시간을 보내는 30여 분 동안
내내 천정만 바라보고 있어야 했다
천정에 예쁜 그림이 있으면 좋겠어요
나는 간호사에게 말했다
내가 아닌 누군가가 말하는 것 같았다

5시간 만에 병실로 돌아왔다
지워진 기억과 함께
도려낸 종양과 함께

수술 시간이 예상보다 길어져
몹시 걱정하고 있던 가족들은
깊은 안도의 숨을 내쉬었다
진통제 덕분인지 나는 오히려
약간 들떠 있었다

'조금 핼쑥한 얼굴로 날 찾아올 때도
가끔 발칙한 얘기로 날 놀래킬 때도'**
검정치마의 노래가 희미하게 깔리고
나는 이상한 나라의 앨리스처럼
커졌다 작아졌다를 반복하며
내 생애 가장 낯선 시간들이 지나가기를
기다렸다

---

* T. S. Elliot의 시 'The Love Song of J. Alfred Prufrock'
** 검정치마의 노래 'Everything'

창경궁, 겨울과 봄 사이

다시 온 고궁은 봄이다
병원에서 길 하나 건넜을 뿐인데
고궁은 꽃향기와 새소리로 가득하다
스쳐가는 연인들은 다정하고
사람들은 모두 행복하게 웃고 있다

이르게 핀 벚꽃나무 아래로
사람들이 왔다가 가고 또 왔다가 간다
벚꽃 아래 선 할머니들은 볼에 발그레한
꽃물을 들인 채 수줍은 소녀처럼 사진을 찍고
아이들은 꽃보다 더 환한 얼굴로 뛰어다닌다

지난 해 ㅅ병원 암병동 창문 너머로 보이던 창경궁
움츠린 마음으로 바라보던 고궁의 겨울풍경은
유리창 밖 신기루처럼 아득하고 고고했다
환자들이 내뿜는 두려움이 풍선처럼 떠다니던 대기실에서
마주보이는 두 공간의 거리는 다른 행성만큼이나 멀었다

퇴원 하던 날 창경궁 산책을 갔다
사람들이 모두 숨어버린 한겨울 고궁은
적막하고 평화롭고 황량했다
차가운 바람과 과묵한 나무들, 꽁꽁 언
연못 위를 고양이 한 마리가 건너고 있었다

그렇게 막막한 겨울이 지나고 다시 온 봄날
600여년 세월을 지나온 옛 궁궐 나무의자에 잠시 앉아
햇살과 바람, 바람에 실려 오는 꽃향기
어쩌면 내게 허락된 가장 아름다운 시간을 보내며
지난겨울을 추억한다, 이 봄날 고궁에서

우리는 모두 자기 이름의 병을 앓고 있다

오랜 친구와 오랜만에 만났다
커피를 마시며
근황을 주고받았다

서로의 이야기를 들으며 말 자르기
딴지걸어 주제를 산으로 보내기 등
그것이 우리들의 오랜 애정표현이었다

친구가 심각하게 물었다
난 옛날부터 정상이 아닌 거 같아
이런 병을 뭐라고 불러야할까

그건 ㅁㅅ병이야
나는 친구의 이름을 붙여
병명을 명명해 주었다

친구가 좋아라 하며
병명을 몇 번이고 읊조렸다
ㅁㅅ병, ㅁㅅ병

나도 고백처럼 말했다
난 ㅇㄱ병을 앓고 있어
내 이름의 병

난 평생 그 병을 앓고 있어
내 병을 해석하고 치료법을 알아내는 게
내 인생이지

우리는 모두 ㅇㅇ병을 앓고 있어
각자의 이름이 붙은 병
아무도 정상은 아니거던

그 생각만으로도 병이 다 나은 것처럼
우리는 기분이 좋아졌다
ㅇㅇ병이 불치병이라는 걸 잊은 채

뻔한 진실

아픈 후에야
자리가 빈 후에야
사랑이 끝난 후에야
체화되는 사실들

지워진 흔적을
조각조각 이어가며
더듬더듬 따라가며
손에 쥐는 한 줌 진실

텅 비어야 보이는
눈 감아야 선명해지는
침묵해야 들려오는
다만 짐작만 할 뿐인

어느 날의 오전 11시 58분

하늘은 흐리다
바람이 간간이 창을 흔든다
커피 잔향만 희미하게 방안을 떠다니고 있다

오늘의 뉴스는 여전하다
코로나, 백신, 다양한 사고, 살인사건까지
안타깝고 슬프다가 무심해지는 인간사들

강아지는 마당 한복판에 드러누워
낮잠을 즐기다 지나가는 새의 기척에
한 번씩 귀를 들썩인다

낮꿈처럼 나른한 음악이 흐른다
Daydreaming, 92914
암호 같은 밴드 이름의 비밀을 잠깐 생각해본다

여전히 하늘은 흐리다
바람이 나뭇잎을 슬쩍슬쩍 흔들고 있다
오늘도 별일 없을 것 같다

잎새들의 춤

바람에 살랑살랑 몸을 흔드는
잎새들을 보고 있으면
쟤들은 분명 사귀는 거 맞아

흔들고 흔들리는 것
주체와 객체의 이물감 없이
하나의 풍경으로 어우러지는 것

사랑은 저렇게 하는 거야
덜 떨어진 자의식 없이
순간이 완벽해지는 것

궁극의 정반합
열반의 에로티시즘
진화의 나선 위에서

동기화가 완료되었습니다!

밀감나무의 풍장

지난겨울은 대체로 따뜻했다
두터운 패딩은 꺼낼 필요도 없었고
모기가 살아남아 앨리베이터를 타고다녔다

그러다 갑작스런 한파가 들이닥쳤다
미친 여자처럼 널을 뛰는 날씨가
어제오늘의 일이 아니지만

그런데, 미친 여자는 어떻게 널뛰기를 하는 걸까
머리에 꽃을 꽂고 다닌다는
전설 속의 그녀들이 갑자기 궁금해졌다

암튼, 그렇게 허를 찌르는 추위에
많은 나무와 꽃들이 얼어 죽었다
우리 집 밀감나무 두 그루도 무사하지 못했다

예감이 있었던 걸까, 그해 가을 밀감나무에는
유난히 많은 밀감들이 통실통실 열렸고
오랫동안 기억될 새콤하고 달콤한 맛을 남겼다

겨울을 견디라고 감싸준 따뜻한 짚 속에서
어쩌면 그 혹한을 이겨내고 살아있기를
봄이 되면 연한 새순이 밀고 올라오기를

간절한 응원에도 밀감나무는 응답이 없었다
은은한 향기를 내뿜던 하얀색 꽃도 피우지 못하고
장승처럼 꼿꼿이 서서 봄바람만 맞고 있었다

훈장 같이 주렁주렁 매달고 있던 황금색 열매를
더는 맺지 못할 운명임을 덤덤히 받아들이듯
선 채로 화석이 되어가고 있었다

세상에 이해 받지 못하고 조롱당하는 선지자의 고독과
박해받고 처형당한 순교자의 결기마저 풍겨나는
그 모습은 마치 풍장을 견디는 십자가 같았다

그 앞에 우두커니 서서 멍하니 바라보고 있는 나에게
갑자기 밀감나무의 속삭이는 소리가 들렸다
눈앞의 나무 한 그루만 보지 말고 숲을 봐야지

내 옆엔 종려나무도 있고 포도나무도 있고
죽은 줄 알았지만 다시 돋아나는 노란 장미도 있고
지긋지긋할 정도로 맹렬히 뻗어가는 잡초도 있잖아

나는 사라지지만 곧 저들과 한 몸이 되겠지
이것이 자연의 큰 그림이란다, 그러니
너는 남은 네 몫의 생을 살렴, 철 좀 들 고!

당당이의 당당한 취향

열 살 당당이 일생에 젤로 중요한 것은
먹는 일과 산책하는 일
산책이 주는 행복감은 마약에 비할 바 아니며
먹는 일에 대한 집중과 숭배는 종교에 가깝다
그 숭고한 먹이 중에서도
으뜸은 당연히 고기다
쇠고기, 돼지고기, 닭고기는 물론
고기 살에 감싸인 뼈도 사랑한다
갉아먹고 씹어먹고 빨아먹고
온종일 뼈를 굴리고 놀며 함께 뒹군다
물론 고기맛 나는 간식에도 환장한다
내가 밥보다 과자를 더 좋아하듯이
봉지 바스락거리는 소리만 나도
귀신같이 알아채고선
버선발로 뛰어와 꼬랑지를 흔들고 있다

바닷가 출신답게 생선이나 멸치도 좋아하고
뜻밖에 옥수수도 좋아한다
우아하게 디저트도 즐긴다

사과는 사각사각
누룽지는 와삭와삭
고구마도 고물고물 잘 먹는다
매일 먹는 사료는 지겹지도 않는지
끼니마다 식전 기도마냥 밥춤을 추며
예와 성을 다한다
참, 물도 좋아한다
찹찹찹 찹찹
물 먹는 소리가 얼마나 경쾌한지
듣고만 있어도 귀가 상쾌해진다

내가 아는 당당이의 남자 취향은
'간식 잘 사주는 잘생긴 젊은' 오빠다
첫 만남에도 영혼을 다 준다
하지만 당당이의 수컷 취향은 좀 특이하다
다리가 짤막하고 불쌍한 눈을 가진
웰시코기 믹스견인 듯한
동네 윗집에 사는 수컷
이름도 모르는 그 아이는 한번씩

줄을 끊고 탈출해 당당이를 만나러 온다
당당이 덩치의 반의 반밖에 안 되는
쬐그만 그 아이가 당당이의 남친이다
까칠하기로 유명한 동네 최고 미견
당당이의 다리 짧은 남친이라니!
녀석이 선을 넘을 때마다 앙칼진 경고를 날리지만
은근히 사이좋게 지내는 게 신기할 따름이다

그런 당당이에게 이해불가 취향이 또 하나 있다
당당이집 근처에 아주아주 작은 귀요미 감이 열리는
오래된 고욤나무 한 그루, 내겐 그저
가을이면 파란 하늘이랑 빨간 감이랑 어울려
멋진 그림을 만들어내는 풍경 같은 존재일 뿐
그리고 새들이 와서 감도 먹고 수다도 떨고가는
말하자면 새들의 동네사랑방 정도인데
이 감이 어쩌다 바람에 떨어졌던지
어느 날 보니 당당이가 감을 주워 먹고 있었다
그 달콤한 감맛에 반해버린 당당이는
이제 감 없는 가을을 상상할 수 없게 되었다

문제는 익기도 전에 떨어진 퍼런 땡감을,
요 떫은 땡감마저 사랑한다는 것
장난감마냥 떼굴떼굴 굴리고 놀다가
슬쩍슬쩍 갉기도 하다가
내가 쳐다보면 혹여 빼앗길 새라
입안에 감추고선 꼬리를 살랑살랑 흔든다
'내놔' 하고 손 내밀면 단호히 '놉!'
하지만 맛난 간식을 주면 저도 모르게
입안에서 떨어진 땡감이 땡구르르 굴러간다
그땐 이미 땡감 따위 난 몰라다

입 벌리고 누워서 감 떨어지기만 기다린다는
속담을 현실에서 몸소 실천하는 우리 당당이
가을만 되면 감순이가 되어버리는 당당이의
저 당당한 취향을, 어쩔거나

또복이 약전略傳

또복이는 나의 두 번째 진도 강아지다
진도 첫 강아지는 초복이었고
첫사랑처럼 애틋하던 초복이가
갑자기 허망하게 죽은 후
슬픔이 다 가시기 전에 또복이가 왔다
떠난 사랑은 다른 사랑으로 채우는 법
진돗개 치고 자그맣고 여우처럼 예뻤던
초복이랑 다르게 또복이는 못 생겼다
강아지가 못 생기긴 참 어려운데, 하고
다들 한 마디씩 하는 강아지였다, 물론
내게 또복이는 세상에서 젤 잘 생긴 강아지였다

깔끔쟁이에 낯을 가리던 초복이에 비해
또복이는 털털하고 붙임성이 좋았다
사람을 잘 따르고 다른 개에게도 친절했지만
대범하고 사냥개 기질이 살아있는 날쌘돌이였다
이불 두어 채와 수건, 방석 여러 개를 아작내면서
질풍노도의 개춘기를 무사히 넘기고
장대 꼬리에 어엿한 성견이 된 또복이는
뜻밖에도 다산의 여왕이 되었다

두 해째부터 새끼를 낳았다
여섯 마리
아빠는 모른다
토실토실 귀엽고 건강한 강아지였다
잘 먹고 잘 자랐다
두 달을 키워서 전국 곳곳에 선물로 보냈다

다음 해에는 아홉 마리를 낳았다
아빠는 모른다
한여름에 태어나 어미도 새끼들도 고생했지만
무럭무럭 잘 자랐다
모두가 탐내는 강아지들은 또 여러 곳으로 흩어졌다
한 해를 쉰 후 이번에는 수놈만 일곱을 낳았다
아빠는 동네 아랫집 연하의 흰둥이 수컷
평소 또복이를 누나, 누나 하고 따르던 놈이었다
유난히 천방지축에 오도방정인 강아지들 등쌀에
또복이는 점점 야위어가고 힘겨워했다
몸에 남은 진액 한 방울까지 다 짜내 아이들을 키워내고
육아에서 해방된 또복이는
그러나 오래 그 자유를 누리지 못했다

다음 해 새봄, 내가 여행을 떠나 집을 비운 사이
조용히 눈을 감았다.

나의 두 번째 진도 강아지, 또복이
'어미란 이런 것이야'를 몸소 실천하고
마지막까지 존재의 위엄을 보여주고 떠난
또복이, 못 생겨도 이쁜 또복이
하지만, 사랑만 줘서 여한이 없던 초복이랑 달리
말년의 또복이에게는 아픈 사연이 있었으니,
어느 날 피치못할 사정으로 돌아온, 초복이의
첫배 강아지 중 한 마리였던 당당이와의 만남이다
보기 드문 미견에다 몸매도 빼어난 당당이를
보는 사람마다 예뻐했고 탐을 냈다
나이도 많고 덩치도 더 큰 당당이에게
먼저 공격을 당한 후 서열정리에 실패하자
성격 좋던 또복이는 그만 삐뚤어지고 말았다

모두 암컷에다 이미 성견이 되어 만난 둘은
끝내 화해하지 못하고 내내 으르렁거리며
집의 다른 방향에서 각각 살았다

얼굴을 보진 않아도 서로의 냄새를 감지하며
가시지 않은 긴장감 속에 여생을 보냈다
그런 상황에 더 상처받고 억울해 하던 또복이
그게 늘 안쓰럽고 마음이 아팠다
또복이를 보내고도 두고두고 미안했던 내게
어느 날 꿈속에 또복이가 찾아왔다
다리가 아픈지 비틀비틀 잘 걷지를 못했다
또복아, 많이 아프니?
나는 또복이를 품에 안고 펑펑 울었다
그 순간 갑자기 작은 강아지로 변한 또복이가,
따뜻한 솜뭉치 같은 또복이가,
처음 내게 왔던 그 봄날처럼
약간 어리둥절한 표정이지만
세상 평온한 모습으로
내 품속에 꼭 안겨 잠이 들었다

---

* 또복 : 2012년 3월 25일 내게 와서 2019년 4월 3일 떠났다

이슬 아니고 이끼라니

큰 나무 같은 사람 곁에 살았지
그늘은 너그럽고
햇살도 따스했어
세상으로부터 숨기 좋고
적들로부터도 안전한 곳이었지

구름 지나면 구름 보고
바람 불면 같이 흔들렸지
그러다 어느 날 천둥소리에 깨보니
내게 있던 작은 가지와 뿌리
열매도 꽃도 모두 사라져 버린 거야

나는 서서히 지워지고 있었던 거지
이웃과 대화하는 법도 잊었고
적과 협상하는 법도 기억나지 않아
그렇게 희미해지고 퇴화해서
나는 마침내 이끼가 되어 버렸어

원래는 이슬이 되려고 했지
영롱하게 반짝이다 순간에 스러져버리는
그런데 나는 이끼가 되어 버렸네
무거운 침묵 속에 들러붙은
심연 같은 이끼가

눈을 굽는 시간

눈이 폴폴 나리는 풍경이 보고파
눈을 맞으러 달려가면
눈은 언제나 그치고 난 뒤였다

환한 햇빛에 이미 녹아버렸거나
희미한 옛사랑의 그림자처럼
질척질척한 흔적만 남아 있었다

눈 따위, 안 보면 어때
포기는 쉽지만 미련은 질겼고
집으로 돌아오는 길은 멀었다

굽은 어깨와 허리로
마늘을 까고 있던 엄마의 뒷모습은
둥그런 눈사람처럼 보였다

늘 눈을 놓치고 오는 나를 보며
엄마가 슬며시 웃었다
우리 요번 일요일에 눈 보러 갈까?

마늘 냄새가 맵다며 울던 나는
그 일요일에 엄마와 함께
눈을 만나러 숲으로 갔다

숲은 따뜻했다
햇빛도 비쳤다
새소리도 들렸다

또, 망했구나!
눈부신 햇살에 눈을 깜빡이며
나는 한숨을 쉬었다

그런데 갑자기 숲 어디선가
꼬리를 흔들며 달려오는
하얀 눈뭉치들

따뜻한 혀가 내 얼굴을 핥았다
차가운 눈송이가 내 뺨에 닿았다
숲속 가득 펑펑 눈이 쏟아졌다

흰 꽃잎 같은 눈송이가 춤을 추고
강아지들은 폴짝폴짝 눈송이를 잡으러 뛰었다
엄마가 살그머니 웃었다

엄마는 눈 오는 걸 어떻게 알았어?
눈을 굽는 시간 동안 기다리는 거지
혼잣말처럼 나즉히, 엄마가 말했다

참 쉬운 행복

나의 행복은,
간단해
커피 한 잔이면 되니까
커피를 마실 수 있다는 건
내 위장이 괜찮다는 거고
위장이 괜찮다는 건
내 몸이 비교적 정상이라는 거고
화난 위장을 달래기 위해
며칠을 굶거나
왜 나의 위장이 우울한지
고민하거나 위장이 나빠지도록 방치한
오만방자한 내 삶을
반성하지 않아도 된다는 거고

평범한 일상을 살 수 있다는 거고
내가 행복한 날이란 거지
어때? 너무 쉽지?

감나무와 아기 참새

부엌 창문 앞에 오래된 감나무 한 그루
해마다 고운 연두색 새잎으로 부활한다
새봄에 깨어난 아기 참새들이 놀러와
감나무 가지 사이를 통통 뛰어다니며
걸음마 연습을 한다
그때마다 감나무는 살랑살랑 이파리를 흔들며
새들을 응원하고 기분 좋으면 추임새도 넣어준다
어린 새들은 신이 나서 옹알옹알 조잘댄다

감나무 잎이 짙어지고 가지가 튼실해질 때쯤
아기 참새들의 노래 소리도 야물어지고
친구들과 호기롭게 좀 더 멀리
더 멀리 날아가는 연습을 한다
곧 감나무 꽃이 피고
이제 더 이상 아기가 아닌 참새들은
높이 푸른 하늘을 향해 날아간다

따가운 여름 햇살을 오롯이 견디고
해질녘이면 간혹 사색에 빠지던 감나무는
이윽고 제가 젤로 좋아하는 저녁놀만큼이나
진하디 진한 다홍색 열매를 맺는다
이따금 참새들이 놀러와 감맛을 보며
올 감은 유난히 맛나다고 칭찬도 하고
세상 얘기로 수다를 떨기도 한다
흡족해진 감나무는 이윽고
남은 잎들까지 다 땅으로 돌려보낸 후
완전한 맨몸이 된다

안녕, 참새들아
내년 봄에도 볼 수 있을지
할 일을 다 마친 감나무는
긴 침묵에 빠진다
마지막이 오면
나도 감나무처럼
침묵하는 법을 배울 수 있기를

넷째 장

2022년 유월에서 2023년 십이월

게으른 그녀의 해맑은 결말

나의 유일한 장점은
게으르다, 이다
나를 낳으신 부지런한 엄마는
게으른 나를 늘 걱정하셨다

옛날에 너 만큼이나 아주아주
게으른 여자가 있었더니라
신랑이 출장을 가면서
게으른 아내가 굶어죽을까 걱정하여
여자 얼굴에 떡을 붙여놓고 갔더니라

그런데 남자가 집에 돌아와 보니
여자가 죽어 있었더니라
얼굴에서 떡을 떼어먹는 게 귀찮아서
굶어죽었더니라

엄마의 교훈은 어쩌면 당연했다
게으른 여자는 굶어죽는다!
하지만 나는 궁금했다
그토록 게으른 여자가 왜 결혼을 했지?

때로 나의 게으름은 의외의
긍정적 결과를 낳는다
게을러서 도리어 결혼을 했지만
게으른 탓에 이혼은 안 했다
게으른 나머지 유전자도
남기지 않았다

너무 게을러서
결국
세상에 아무 것도
남기지 않았다
내 삶의 완벽한 마무리다

늙은 개의 초상

나뭇가지에 올라앉은 작은 새의 기척에도
쫑긋 날카로워지는 총명한 귀
풀 수 없는 비밀에 싸인 반짝이는 눈
촉촉한 습기로 반들거리는 검은 코
비호처럼 튀어 오르는 힘차고 날쌘 다리
희로애락에 솔직하지만 우아하고 당찬 꼬리
천둥과 번개를 먼저 느끼는 예지력과
보는 이를 그저 웃음 짓게 만드는
그토록 단순하고 순수한 욕망까지

빛나던 너의 모든 순간과
마지막 인사를 건네던 눈빛까지
내 기억이 우주에 살아있는 동안
남아있을 너의 초상
우리 짧은 유한의 시간 속에서
떠난 자를 기억하는
남은 자의 시간이 영원이라면,
차원의 문을 넘어버린 너는
이미 내게 영원인 거야

고양이 나라로 간 유선이

새벽 한기에 잠을 설치던
2022년 여름 끝자락의 어느 날
34살 유선이에게
고양이 나라에서 초대장이 왔다

아무도 아프지 않고
어둠도 슬픔도 없는 곳
따뜻한 햇살과 달콤한 바람
좋아하는 간식이랑 장난감이 그득하고
갸르릉 갸르릉
행복한 고양이들만 산다는
그곳에서
친구들이 기다린다고

서른 네 해 동안
늘 웃기만 하고
착한 생각만 하던 유선이는
저만큼이나 예쁘고 사랑스러운
고양이 친구들을 만나러
고양이 나라로 떠났다

조금 일찍 떠났다

---

* 조카 김유선 1989년 10월 6일-2022년 8월 28일

가을을 두고 오다

40년 지기 친구들과 함께 가을 여행을 떠났다
이렇게 고운 단풍을 몇 번이나 더 보게 될지
어느덧 그런 얘기를 하게 되는 나이
초롱초롱 빛나던 시절이 흘러
환갑을 바라보는 세월이 우리 앞에 쌓였다

목포 거리를 걷고
해상 케이블카도 타고
이런 추억 저런 기억이 낙엽처럼 흩날리는
넉넉한 남도 길을 달려
강진만 갈대와 고니를 만났다

우아한 고니들의
전혀 우아하지 않은 울음소리에 놀라며
흔들리는 갈대를 하염없이 바라보는 사람들
그 풍경 속에
순간과 영원이 겹치고 있었다

텅 비고 쓸쓸한 대흥사 일지암
녹차 좋아하는 친구를 좋아하던
초의선사 대신, 이제는
득도한 스님 마냥 초연한
강아지 한 마리만 남아 있었다

이윽고 닿은 진도 푸른 바다 물빛과
저마다 아름다운 것들이 모여
더 아름다운 가을 산 가을 하늘을
차마 가슴에 다 담지 못하여
결국 그곳에 남겨 두었다

전남 진도군 진도읍 염장마을

마을길 낡은 담장들이 알록달록
예쁜 그림들로 채워지던 날
흰 벽에 선명한 붉은색 감을 칠하는
저 의젓한 소녀는
아이들이 사라진 동네 골목에서
유일한 꼬맹이 자매들 중 언니
겨우 초등학교 4학년이지만
제법 진지하게 붓질을 하고 있다

동생도 같이 그리니?
저 애는 말썽쟁이라 방해만 해요
말괄량이 삐삐를 닮은 동생은
한 쪽 팔에 깁스를 하고
다른 한 손으로 물감통을 휘젓고 있다
팔을 다쳐서 같이 못 하는구나?
그래도 심부름은 내가 다 했어요
야무지게 답하는 당돌한 소녀

국도 18호선을 지나는 진도군 염장마을
언젠가 골목골목 아이들 소리로 넘쳤을
오래 전 바닷가 마을
이제 남은 아이들은
베트남 엄마를 가진 소녀들 몇뿐
바다는 메워져 논이 되었고
속절없이 출렁이던 파도 소리는
옛 노인들의 기억 속에나 남았을런지

유념을 유념하라

택배상자 속에 꼭꼭 싸서 보내주신
엄마의 작은 화분 속 페퍼민트
햇빛 잘 닿는 뜰 앞에 심었더니
어느 순간 앞뜰이 민트로 덮였다

페퍼민트는 허브지만
잡초이기도 했다
쓰다듬고 예뻐하는 손길이
멀어지는 순간 비뚤어진 잡초가 된다

무심코 페퍼민트 잎을 스쳤던 날
오래 손에 남는 알싸한 향이 좋아
이파리를 좀 더 세게 비벼봤다
더 싸하고 강한 향이 날아왔다

찻잎을 만드는 과정에는
유념揉捻이란 것이 있다고 들었다
찻잎을 비벼서 상처를 내주면
차속의 좋은 성분이 우러나온다는

유념의 시간은 어쩌면
자기 안에 갇혀 있을지 모를
숨은 괴물과 기적을 이끌어내는
설움과 핍박의 시간인지도 모른다

잊지 마라
맨살에 파고들던 상처의 기억을
페퍼민트는 허브이기도 하고
잡초이기도 하다는 걸

---

* 유념揉捻 : 덖은 차를 비비고 굴려서 차의 좋은 성분이
  우러나오게 하고, 모양을 잡아 보관이 쉽도록 하는 과정

그런 나이가 되었다

핸드폰 사진첩에 이런저런 꽃들이 담기고
하늘이나 구름 같은 심심한 풍경 사진이 늘어난다
어느새 그런 나이가 되었다

봄이면 꼼지락거리며 돋아나는 새순들
그 여린 초록들이 꽃보다 이쁘고 장하다
그런 나이가 되었다

일용할 양식과 내게 닿는 모든 것들
어디선가 그걸 만드는 사람들의 노고가 헤아려진다
그런 나이가 되었다

이만하길 다행이야, 천만다행이지
안 된 일은 내 탓, 잘 된 일은 조상 덕임을 안다
그런 나이가 되었다

세상을 배울수록 나는 작아지고
내가 물고기나 펭귄보다 잘난 게 없다는 걸 깨닫는다
그런 나이가 되었다

하얗게 바래지다 투명해지는 머리카락처럼
점점 희미해져 결국 사라지게 될 내 운명이 감사하다
이제, 그런 나이가 되었다

산뜻한 부활

코로나에도 끄떡없던 몸이
한낱 여름감기에 무너졌다
열과 두통 속을 헤매던
가엾은 내 영혼
사박오일만에 부활하였도다

기독교 신자들이 들으면
분기탱천할 일이지만 사실 나는
어린 시절부터 자주
또는 거의 주기적으로
사소한 부활을 해왔다

연례행사 같은 것이었다
일 년에 한번쯤 불의 요정이 방문했고
그때마다 결석을 했다
그래서 내게는 그 흔한
개근상이 하나도 없다

이마를 짚어주시던 아버지의 손길과
혀끝에 닿던 차가운 체온계의 촉감
열에 들떠 약간 붕 뜬 느낌
이 세상과 저 세상 사이 어디쯤인 것 같은
기묘하고 어리둥절한 감각

그렇게 며칠 동안 펄펄 끓는
불의 정화를 거치고 나면
나는 깨끗한 육신과 영혼으로
산뜻한 부활을 했다
달콤한 복숭아 통조림은 덤이었다

어른이 되면서
주기적이던 불의 정화 의식은
점차 불규칙적이 되었다
내가 어엿한 어른이 되었으므로
불의 요정이 더 이상 오지 않았나보다

그렇게 한동안 감기 없이 지나고
스스로 대견스럽다 오만방자해질 즈음
허를 찌르듯 불의 요정이 찾아왔고
몇 년 치 쌓인 정화의식을 치르며
나는 뜨거운 참회의 눈물을 흘렸다

지금 내 옆에는
이마를 짚고 체온을 재어주시던
다정한 아버지는 안 계신다
여전히 어리광쟁이에 가난한 내 영혼은
이제 부활이 아닌 완벽한 소멸을 꿈꾼다

그해 여름의 끝
- 당당이를 추억하며

장맛비는 오래오래
이파리를 적시고
한여름 햇살은 뜨겁게
열매를 달군다

봄부터
포도나무 아래 서성이던
너는
내 곁에 없다

포도는 익어가고
슬그머니 바람이 불고
여름 태양도 저문다
이제 나는 창문을 닫는다

---

* 당당 : 2011년 1월 12일~2023년 5월 20일
  포도나무 그늘을 좋아했다

모든 꽃무늬는 엄마에게서 왔다

적어도 취향이라는 것이 생기고부터
그러니까 내 옷을 직접 고르게 된 이후부터
꽃무늬는 나의 선택권 저 너머에 있었다.

꽃무늬는커녕 분홍이랑 노랑
혹은 레이스 달린 옷들은
지구 최후의 날 파티에도 입지 않을 터였다

그 시절 나는 어쩌면
내안의 여성을 중화하는데 안간힘을 쓰던
자의식 과잉 괴생명체였으니까

그러므로 내가 가진 꽃무늬는 모두 엄마에게서 왔다
특히 내게 주신 이불들은 웬일인지 죄다 꽃무늬였다
큼지막한 꽃인지 자잘한 꽃인지만 다를 뿐

엄마집 베란다에도 언젠가부터 꽃 화분만 그득했다
계절을 돌아가며 피워대는 엄마의 꽃들은
유난히 진하고 환했다

하지만 젊은 시절 엄마에게도 꽃무늬는 없었다
화려한 것을 좋아하지 않으시던 엄마는
언제부터 꽃무늬 애호가가 된 걸까?

노년을 지나며 엄마는 자기 안의 위대한 여성을
긍정하면서 오히려 더 자유롭고 너그러워졌는지 모른다
나는 엄마의 꽃무늬를 비로소 이해하기 시작했다

꿈이 재밌어서 잠깨기 싫은 나이는 훌쩍 지났지만
예쁜 꽃잠 자라고 꽃 이불만 주신 엄마
그 딸은 오늘도 나비처럼 꽃 이불로 날아가 꽃잠에 든다

흥타령과 K팝

빗소리도 님의 소리 바람소리도 님의 소리
아침에 까치가 울어 행여 님이 오시려나
고운님은 오지 않고 베개머리만 적시네
아이고 데고 어허 성화가 나네*

인간문화재 선창을 따라 부르면
옛 할머니, 어머니들의 삶이
구절양장 산길처럼 굽이굽이 펼쳐지는데
내 소리는 시멘트 도로처럼 밋밋하고 맨숭하다

집안일 농사일에 하루해가 모자라고
밤새워 베 짜고 바느질에 고된 몸
일에 파묻혀 푸념처럼 한풀이처럼 읊어댔을
그녀들의 흥타령은, 사실 전혀 흥겹지 않다

서럽고 느려터진 가락들을
흥타령이라 부르는 얄궂은 모순과
슬픔을 뒤집어 웃음으로 털어내는
그 깊고 강인한 심사를 어이 헤아리랴만

19세기에는 19세기의 아픔이,
20세기에 태어나 21세기를 살아가는 내겐
20세기와 21세기를 더한
현재진행형의 고통이 더 절절하다

내키지 않지만 해야 할일을 할 때
때로 노동요가 꽤 도움이 된다
현란하고 도발적인 케이팝이
내 가사노동의 배경음악으로 깔린다

남자들은 시시하고 세상도 만만한
내 노동요 속 예쁘고 발랄한 그녀들
홍타령 그녀들과 케이팝 그녀들은
얼마나 먼가, 혹은 가까운가

---

* 남도 민요 '홍타령' 가사 중 일부

그녀, 칭칭

불러도 오지 않는다
부르지 않아도 반드시 온다

배부르게 먹고 나면
따스한 햇살에 드러누워

털을 고른다
우아하고, 무심하다

너무 가깝지는 않고
또 너무 멀지도 않게

불러도 오지 않지만
어디서든 나타난다

다리를 부비다가
어느새 무릎에 와 안긴다

발라당 구르는 애교에
봄비 맞은 눈처럼 세상이 녹는다

어느새 감은 다 떨어지고
국화꽃이 피었다

당당이 있던 자리에
냥이가 왔다

불면증

서먹한 십일월 비가
똑똑 이마를 두드리고
닫힌 창문을 적신다

너무 먼 곳으로 와버렸다
결코 화해할 수 없는 곳까지
물고기는 이미 물을 떠났다

자유롭기 위해
자유를 포기하고
꿈을 위해 꿈을 버리는 역설

그림 안에 있든
그림 밖에 있든
풍경은 그대로인데

똑똑 비를 흘리며 몽마夢魔는 길을 잃고
우산 속에 비를 가둔 채
밤은 평온하다

이제 그만 끝낼까 해*
- 그 남자 제이크

여자와 남자는 남자의 부모님 댁을 향해 가고 있다
희망도 없는 관계에서 떠나는 이상한 여행길
여자는 왠지 딴 생각에 빠져 있는 것 같고
남자는 친절하지만 둘의 대화는 묘하게 어긋난다
눈이 내리고 와이퍼는 부지런히 차창을 닦고 있다
여자의 표정은 그때마다 지워졌다 나타났다 지워진다
스쳐가는 황량한 풍경 속에서 여자는 시를 읊는다
'집으로 오는 건 끔찍하다, 개가 얼굴을 핥든 말든
아내가 있든, 아내 형상의 외로움만 기다리고 있든'
장문의 시는 끊어질 듯 이어지고, 이어질 듯 끝이 난다

날은 이미 어둡고 이윽고 남자의 집에 도착했을 때
그의 부모님은 이층 창에서 다정하게 손을 흔든다
부모님의 농장에는 추위에 얼어 죽은 양들이 있고
방치된 채로 죽어간 돼지의 흔적이 남아 있다
연로하신 부모님은 풍성한 시골 밥상을 차려 주신다
먹음직한 음식들이 그득하고 촛불이 일렁인다
대화는 묵직한 파편들을 뿌리며 사람들을 오가지만
어쩐 일인지 행복한 결말에 도달하지는 못한다

어디선가 나타난 강아지는 몸을 흔들며 털을 말리고
부모님은 세월을 오가며 분주히 노화되고 기억을 잃어간다

자고가라는 아버지의 권유를 물리치고 둘은 길을 나선다
밤이 깊어가고 눈은 쌓이고 길은 어둡다
가는 길에 둘은 추억의 아이스크림 가게에 들른다
아이스크림은 너무 달고 더운 차안에서 금방 녹기 시작한다
질척하게 녹아내리는 아이스크림을 남자는 견딜 수 없다
남자는 자기가 다녔던 고등학교에 잠깐 차를 세운다
쓰레기통을 찾으러 나간 남자는 돌아오지 않고
기다리던 여자는 남자를 찾으러 학교 안으로 들어간다
학교에는 할아버지 한 분이 긴 복도를 청소하고 있다
할아버지는 복도가 추우니 신으라며 실내화를 건네준다
남자가 부모님 집에서 건네주던 그 파란색 실내화다

학교 복도에는 젊은 남녀가 행복한 춤을 추고 있다
시를 읽고 그림을 그리고 해박한 지식을 뽐내는,
부모에게 인정받고 모두에게 사랑받는 남자는
아름답고 똑똑하고 재기 넘치는 여자를 사랑한다
뮤지컬 무대에서 노래를 부르는 아리따운 그녀
시와 페미니즘과 철학과 그림을 이야기하는 그녀

지적이며 취향이 고급스러운 남자에게 어울리는 여자다
사람들의 존경과 선망 속에 남자는 노벨상 수상 연설을 하고
관객들 속의 여자는 그에게 기립박수를 보내며 미소 짓는다

박수소리와 함께 박수 받던 남자도 박수치던 여자도 사라진다
텅 빈 학교 운동장엔 하얗게 눈이 덮였고 남자는 홀로 서있다
엄격한 부모님, 조롱하는 여자들, 무시하며 비웃는 친구들
내면에는 아무 관심도 없는 세상에서 그는 처절한 외톨이였다
춤추던 남녀도, 멋진 노벨상 수상 연설도 남자의 것이 아니었고
그저 학교 강당과 복도를 청소하며 가끔씩 무대를 훔쳐보는,
누구의 주목도 받지 못한 채 늙어가는 청소부, 그 남자 제이크
오랫동안 혼자 중얼거리던 말 "이제 그만 끝낼까 해."
춥고 깜깜한 어둠 속에 남겨진 노인은 눈 속에 버려진 돼지를 본다
부모님의 무관심 속에 끔찍하게 죽어간 돼지, 아니 그 자신
노인은 죽은 돼지를 안고 알몸인 채 눈 속으로 걸어간다
마지막 안식처를 찾아 눈 속으로 스며들 듯이 그렇게.

---

* 찰리 코프만 감독의 영화 제목.
　원제 I'm thinking of ending things

낙엽의 장례법

가을을 맞으러
숲으로 갔다
바스락 바스락
낙엽이 말한다

낯선 발자국에
스러지며
낙엽이 남기는
긴 유언이다

어쩌면 나는
낙엽의 마지막 길을
애도하는
장례 도우미

낙엽의 장례식은
슬프지 않아
다행이다
오히려 명랑하다

귀거래歸去來 장례식
할 일을 끝내고
본향으로
돌아간다

봄날의 설렘과
여름날의 광휘
가을날의 전설을
내게 들려주며

바스락 바스락
낙엽은 회귀한다
가을 숲에서 나는
낙엽의 장례를 치른다

오늘의 전생

난 전생을 모두 기억해
오늘 떠오른 전생은
깊은 바다 작은 샛비늘치
춥고 어둡고 적막해
빛도 꿈도 아득한 곳
하찮고 하찮고 하찮았어
자신의 하찮음을 눈치채지 못할 만큼
거대한 침묵만이 위대해
생과 사를 가르는 찰나의 운명이
사소하고 사소하고 사소해서
너무 자연스러웠지

심해의 물고기 외에도
백구십육만사천 삼백스물여덟 개의
전생을 기억해
생물이었던 적도
생물 이하였던 적도 있어
가장 행복했던 전생이
뭐였는지 묻는다면

그건 무의미한 질문
이라고 대답할 거야
무심한 듯
심오한 듯 보이지만
사실 그건
모른다는 뜻이야

어제 본 영화

어제 밤에 본 영화에서
주인공 킬러가 말하더군
"운이란 건 없어.
업보도 정의도."
최상급 킬러가
그렇게 말하니
뭔가 신빙성이 있어 보이더라

요가를 하고
심박수를 체크하고
대부분의 일은 기다리는 것
"공감하지 마라
공감은 나약한 것
나약함은 약점이다."
흔들릴 땐 단호하게 방아쇠를 당길 것

결말이 슬프길 바랐지만(이것도 클리셴가?)
바닷가에서 멋진 휴가를 보내고 있더군
한 가지 다행인 건

개는 죽지 않았어
그러고 보니 억만장자도 죽지 않았네
역시 돈과 귀여움만이 살아남아
스포일러 주의보가 요란하니 그럼 이만.

---

* "-" 영화 'The Killer' 중 대사 인용.
　데이비드 핀처 감독, 마이클 패스벤더 등 출연

옛사랑 해독解毒법

안녕.
방금 한 사랑이 끝났어
가로등은 모두 꺼지고
반짝이는 건 길고양이 눈동자뿐

또 하나의 참회록을 추가하는 시간
위선의 외투는 따뜻하지만
슬픔을 다 덮진 못해
눈물로도 씻겨나가지 않아

I fall in love too easily*
쉬운 사랑이란 없어요
자신의 바닥을 보는 거니까요
고해성사처럼 읊조리지

욕조 가득 쳇 베이커의 노래를 채우고
숙취처럼 남은 맹독을 흘려보내
그리고 텅 빈 종이와 연필을 꺼내지
새로운 사랑노래를 써야 하니까

---

* 쳇 베이커의 노래 제목

어제와 다른

나는 매일 다른 사람이다
오늘의 내가 어제의 나와
아주 많이 닮았다고 해도
나는 다른 사람이다

어제와 다른 선택을 할 수 있고
전혀 다른 말을 할 수도 있다
좋아하던 걸 싫어할 수도
널 배신할 수도 있다

실망하거나 미치지는 말자
기대는 살짝, 아주 살짝만
어제와 같지 않다는 건
매일 일어나는 마법일 지도 모르니까

미리 쓰는 회고록
- Negative Version

대체로 무능하고
많이 게을렀다
새 발의 피
만큼이나 됐을 재능은
헛되이 낭비했다
서투르고 무지했다
외면하고 회피했다
낯가림은 심했고
생각은 얕았다
오랫동안 세상을
오독하고 오해하고
오만했다
그럼에도 불구하고

무한한 유한 속에서
무리하지 않았고
유한함을 누렸다

묘비명 추천
- 사지선다 형

애썼다
욕봤다

혹은

애쓰느라 욕봤다
욕보느라 애썼다

넷 중 하나를 고르시오

참고로, 킹 크림슨은
'내 묘비명은 혼돈이 될 것이다'란 노래를 남겼다
Epitaph by King Crimson
'Confusion will be my epitaph'

다섯째 장

2024년 일월에서 구월

냥이와 함께 C.A.S를 듣는 밤

냥이는 담배를 피우지 않는다
그녀의 사랑법에 대해서는, 모른다
음악 취향에 대해서도, 역시 모른다

하지만 C.A.S의 음악을 좋아한다는 건 안다
좀 더 정확히는 그들의 음악을 들으며
자는 걸 좋아한다는 걸 안다

흑백 담배 연기 같은 음악이 피어오르면
냥이는 음악 속에 잠이 들고
우리는 다른 세계 속에 함께 있다

그녀가 담배 연기를 좋아했던가?
기억은 어둠보다 깊은 곳으로 천천히 묻힌다
밤은 깊었고 우리는 다만 함께 음악을 듣는다

---

* C.A.S. : Cigarettes After Sex의 줄임. 미국의 밴드 이름

고양이에게 자랑할 일

대한大寒이 소한小寒 집에 놀러갔다가
얼어 죽었다는 그 대한 날
한겨울 비가 여름 폭우처럼 쏟아졌다
세상에서 가장 게으른 나와 고양이는
비와 음악 사이를 뒹굴며
누가 더 게으른지 내기를 하고 있었다
갑자기 한겨울에 내리는 한여름 비가 보고 싶어져
일용할 카페인도 구할 겸
커피를 사러 차를 몰고 나갔다

유리창을 때리며 쏟아지는 비에 차창은 금새 흐려졌고
속도를 높인 와이퍼는 마치 손 인사를 하는 것처럼
오른쪽 왼쪽을 바삐 오갔다
커피숍 바닥에 물이 떨어지지 않도록 조심했지만
내가 지나온 자리에 몇 방울의 빗물 자국이 남았고
주차장까지 짧은 거리에도
사방에서 할퀴어대는 비바람에 정신이 혼미해졌다
드디어 차에 도착하고 의자에 앉은 후 차문을 닫았을 때
갑자기 밀려오던 그 고요함과 안도감은

지구 종말을 앞둔 어느 날, 알 수 없는 적과 싸우다
겨우 안전한 피난처에 도착한 느낌 같았다
금방 구운 빵과 갓 내린 커피가 주는 따스함에
나는 세상에서 가장 안전하고 너그러운 사람이 되었다

차바퀴에 물보라를 일으키며 앞서가는 1톤 트럭을 따라가면서
시간에 쫓기는 일도 없고, 바쁜 약속도 없는 내가
얼마나 다행인지 모른다고 내심 흐뭇해졌다
시골 도로에서 더러 마주치는 1톤 트럭은 그리 반갑지 않다
주행 속도가 느리거나 짐칸에 실은 짐이 불안하거나
한 쪽 미등이 꺼져 있거나 난폭한 운전을 하거나
어쩌면 편견일 수도 있겠지만 잦은 확률로 그러했다
1톤 트럭의 대부분은 이런저런 노동과 연관되어 있을 터였다
그러므로 운전자들은 자주 바쁘고 피곤할 지도 몰랐다
만약 내게 급한 일이 있다면 마음이 금방 뾰족해지겠지만
한적한 시골에 사는 내게 다행히 그럴 일은 별로 없다
하여, 나는 그들의 고단함과 바쁨을 이해하며 양보할 수 있다
이런 시간을 가진 나야말로 진짜 부자일지 모른다고
사료 한 톨만큼도 관심 없을 고양이에게나 자랑해야지

마카다미아 껍질은 호락호락하지 않다

선물로 받아온 마카다미아
늘 하얀 속 알맹이만 먹었으므로
예상치 못한 당당한 껍질에 당황했지
초코볼처럼 생긴 귀여운 외양 때문에
그 흔한 검색조차 해볼 생각도 않고
덜컥, 하지만 살그머니 깨물어봤어
우왓!
어마어마한 단단함에 꽤나 놀랐어
세게 깨물었다면 내 이가 성치 않았겠지
한 방 세게 먹은 나는 순진한 원시인처럼
뭔가 대응할 도구를 떠올렸지
돌도끼를 닮은 망치를 꺼내
동그란 그 물체를 슬쩍 내리쳐봤어
놀리듯 데굴데굴 굴러가 버리더군
다시 한 번 조심스레 손으로 잡고 내리쳤지
약-중-강-강!
수류탄이 터진 줄 알았어
사방으로 튀어 오르는 파편들이
영화처럼 느린 화면으로 재생되더군

뜨끔했지
망치는 너무 원시적이야
좀 더 문명화된 도구를 가져와야겠어
이번엔 몽키 스패너를 준비했어
요건 제법 쓸 만했지
한 봉지의 마카다미아를 거의 다 깨부쉈을 때
어라? 뭔가가 눈에 띄었어
평범한 제습제 포장지 안에 반짝이는 은빛 쇳조각
기타 피크만한 그 도구의 용도는 오직 하나뿐
그리고 너무도 순순히 하얀 속살을 내어주는
그 콧대 높던 껍질의 태세전환이라니
그 때 어디선가 한 줄기 광채가 비치더군
마치 진리를 영접하는 의식과도 같았어
숙연함에 잠시 동안 말문조차 막혔지
오늘의 인생 교훈으로 이 횡설수설을 마무리할게

해답은 늘 마지막 순간에야 나타난다
그 모든 바보짓을 끝낸 후에야!

수줍은 사람

오래 전 나를 좋아했던 사람이 말했다
고양이를 키워보세요
잘 어울릴 것 같아요

뭐가 잘 어울릴 것 같은지는 설명하지 않았고
나도 물어보지 않았다
그때 나는 고양이에게 관심이 없었으므로

오래 전 나를 좋아했던 사람이 말했다
너무 오래 외롭진 않았으면 좋겠어요
난 그 말을 한 귀로 흘렸다

그때 나는 외롭지 않았으므로
오래 살고 싶은 마음도 없었고
미래란 아직 오지 않은 오늘일 뿐이었으므로

오래 전 나를 좋아했던 사람은 말했다
멋진 곳을 찾아 떠나는 것이 아니라
함께 있어서 멋진 곳이 되는 거예요

창밖을 보느라 나는 그 말을 지나쳤다
그때 나는 다른 생각을 하고 있었으므로
예쁜 풍경에 마음을 뺏기고 있었으므로

심심한 날 바닷가 풍경

물결이 밀려오고 밀려간다
물결은 사라지며 해변에 줄무늬를 남긴다
여러 겹의 줄무늬가 겹치고 사라진다
겹치고 사라지고 겹치고 사라진다
셀 수 없는 수억 겹의 줄무늬들은
다 어디로 가는 걸까

바람이 일렁인다
바닷물은 발가락을 간질이며 사라진다
파도가 밀려오기를
높은 파도가 밀려오기를
괴물 같은 파도가 밀려와
나를 쓸어가기를

촌스러움에 대하여

소시적엔 촌스럽단 말을 참 싫어했어
촌스러움은 시대에 뒤떨어진 거라 생각했나봐
퀴퀴한 곰팡이 냄새가 밴 그 촌스러움이
마치 내겐 없는 양 모르쇠 했지
세련됐단 영어 단어*는 '많이 닳은'의 의미도 있어
세파에 닳고 닳아서 뺀질뺀질 멋이 든 거지

작년에 핀란드 영화를 하나 봤어
제목도 역수로 촌스러운
'사랑은 낙엽을 타고'
원제는 그냥 '낙엽'
북유럽 부자나라 이미지에 안 맞게
참 촌스럽고 서툰 사람들만 나오더라

그런데 난 영화 속 사람들이 좋았어
촌스러운 차림과 촌스러운 대사
하지만 뭔가 호락호락하지 않은 느낌
그런 촌스러움이 무지 맘에 들었어
단출한 살림과 미사여구를 뺀 관계
난 이제 촌스러움이 좋아졌어

촌스러움을 다 갖다 모아놓은 어느 클럽에서
주인공 여자와 남자가 운명적으로 만나지
"비가 창문을 씻어 내리니까
내가 직접 청소할 필요 없겠어."
게으른 내게 딱 꽂히는 노래를 부르는 밴드는
클럽에서 유일하게 안 촌스런 향신료 소녀들**

영화를 보고 난 후
그들이 남긴 여운을 추스르는데
그 촌스러움이 이미 내안에 있는 거야
촌스러움도 북유럽의 촌스러움이라 끌린건가
조금 반성은 했지만
이미 난 시골 사람이니까 촌스러운 건 당연해

---

* sophisticated : 세련되고 정교한,
  고대 그리스의 소피스트(궤변가)에서 유래
** '향신료 소녀들'이 부르는 노래 속 가사.
  제목은 '슬픔에서 태어나 실망을 갖춰입고'

그러니까 자기 긍정인 거지
이런 촌스러운 영화를 보러 가는데도
산 넘고 물 건너 몇 시간씩 차를 타고 가야하는
가난하고 촌스러운 시골에 살지만
매일 조금씩 더 촌스러움에 물들어가는 은밀한
이 기쁨을 세련된 자본주의로부터 지켜내야 해, 라고

갑진년甲辰年에 연蓮을 그리다

어느 날 진흙이 꿈을 꾸어
꽃 한 송이가 피어났다
진흙이 피워 올린 꿈

진흙 속에 살지만
흙탕물을 딛고 올라
하늘의 별을 꿈꾸는

그대의
찬란한 열망
연꽃

그리운 말장난

그리움을 그려서 그림이 된다면
그리움을 갈아서 시가 된다면

그리움을 우려서 차를 만들고
그리움을 태워서 향을 만들고
그리움을 담가서 술을 만들어야지

그래도 남은 그리움이 있다면
주머니에 넣고 만지작거리다가
오래오래 닳아서 조약돌이 되면
공기놀이를 하며 놀아야지

그러다 어느 날 조약돌이 안 보이면
한참을 두리번거리다
주머니를 뒤집어보다가
조약돌을 원망하다가
그리움이 먼지가 되어 사라졌나보다 생각해야지

현선이 언니

언니가 둘이나 있는 내게
오래 전 한 명의 언니가 더 있었다고 한다

백일도 되기 전 천사가 되어 날아간
첫 번째 언니

현선이라는 고운 이름을 가진
사랑스럽고 착한 언니

집안 어른들 모두 첫딸이라 귀애하고
인형처럼 데리고 놀았다는 언니

무슨 병이었을까
갑작스런 고열을 이겨내지 못하고 떠났단다

엄마 첫 살림 밑천이었을 언니
잘 자랐으면 필시 팔방미인이었을 언니

가부장 유교문화에 짓눌리고
전쟁마저 겪어야 했던 시대

그 시절 태어난 많은 언니들처럼
어쩌면 고생문이 훤했을 언니

현선이 언니가 살아있었다면
아마도 나는 없었을 텐데

세상이 너무 험난해보여 잠시 돌아갔다
혹시 나로 다시 태어난 걸까

얼굴도 본 적 없는 현선이 언니를 생각하면
빈둥거리는 내 양심 어딘가가 조금 아릿해온다

욕실 문이 내게 친절하지 않다

아니, 불친절을 넘어 나를 공격하기 시작했다
정확하게는 나의 발목 뒤꿈치다
평소 눈길조차 주지 않던 뒤꿈치에
주르륵 피가 흐르고 제법 큰 상처가 났다
평화롭던 집이 갑자기 호러 영화가 됐다

내게 친절했던 문인데 갑자기 왜 이럴까
전혀 예상치 못한 일격에 한순간 멍해졌다가
일단 상처가 잘 아문다는 연고를 발랐다
붉은 피와 흰 연고가 버물어져
딸기 넣은 요거트처럼 고운 색이 됐다

충격의 시간이 지나고 다시 뇌가 작동했다
내일 결혼식에 참석해야 하고
하객의상으로 치마를 준비 해뒀는데
하필 뒤꿈치에 볼썽사나운 상처가 나다니
분노와 원망이 시작됐다

저 문이 노망을 했나!
화난 내게 문은 아무 설명도 하지 않았다
발이 꼬인 건 너야, 라고 말하지도 않았다
김수영 시인의 '어느 날 고궁을 나오면서'처럼
나는 엄한 대상에게 화를 내며 본질을 덮으려 했다

그러다 생각을 바꾸기로 했다
충직했던 문에게 원망이나 해대는 쫌생이보다는
고깟 상처쯤 아랑곳 않는 배포 큰 사람이 되자
왜곡하고 회피하는 전략도 가끔
마음을 안심시키는 쉬운 길이니까

하지만 이리저리 자기 합리화에 긍긍하는 나는
감히 위대한 시인을 데려와 욕보이는 것도 모자라
변명하고 외면하고 도망가기 바쁜데다
소심하고 허술하기 짝이 없는 인간일 뿐임을
이제 더 이상 친절하지 않은 문에게 들키고 말았다

그런 시간

초여름 아침, 아주 새벽은 아니고
햇살이 서서히 퍼져가는 그런 시간
새소리에 막 깨어난
꽃들과 나무들
작은 텃밭에 옹기종기 모여 있는
오이니 고추니 방울토마토 같은 작물에
물을 주는 시간

솨~하고 떨어지는 물소리
슬며시 지나가는 바람의 감촉
물방울과 빛방울이 만나 떠오르는 무지개
아침밥을 다 먹은 고양이가
털 고르기를 하며 이따금 안부를 묻듯
냐앙~ 하고 느릿하고 나즉하게
어리광 부리는 소리
그리고 잠시 멈춰 서서
방금 목욕하고 나온 아기 얼굴 같은
초록 잎사귀들을 바라보는 시간

세상 평화와 아름다움이 다 들어있는
그런 시간
언젠가 내가 죽어
어떤 순간을 기억하고 싶냐고 묻는다면
대답하고 싶은 그런 시간

우리가 같은 언어를 쓴다고 해서

강아지나 고양이와 얘기하다 보면
우리가 참 잘 통한다고 느껴져
한참을 혼잣말로 대화를 나누곤
어이없어 웃게 되지
우리는 서로 다른 말을 하는데 말야

사람들과 얘기하다 보면
비록 같은 언어를 쓰고 있지만
게다가 서로를 이해한다고 말하지만
전혀 다른 이해에 이르렀음을
나중에 알게 되는 경우가 많아

비슷한 유전자와 진화의 기억
수십억 년의 역사를 공유한다고 해도
너와 나는 다른 별의 존재
지금 내가 한 말은
수억 광년이 지나 네게 닿게 될 테니

시망아망

시 비슷하지만 시가 아닌

시이길 원했으나 더욱 멀어져버린

시인지 아닌지 가려볼 염치도 없이

시가 참 섭섭하기도 하지

시도 망하고 나도 망해버렸네

안녕 '안녕 주정뱅이'

좋아하는 작가의 어떤 소설에
나와 이름이 똑같은 주정뱅이가 나온다
흔한 일이 아닌지라 신기했다
안타깝게도 나는 술을 잘 못 마신다
아세트알데히드 분해효소가 부족한 체질이라
한 잔만 마셔도 얼굴이 빨개진다
나는 빨개지는 내 얼굴이 부끄러웠다

주정뱅이 중 가장 유명한 이는
어린왕자 속 그 주정뱅이일 것이다
부끄러워 술을 마시고 술 마시는 게 부끄러워
또 술을 마시는 주정뱅이
어쩌면 주정뱅이들은 밑 빠진 술독 어딘가에서
무한 반복되는 블랙홀에 빠져버렸을 지도 모른다
하여 그런 재능조차 없는 나는 주정뱅이들을 질투했다

어떤 주정뱅이에게 술은 삶을 견디는 방식이다
지독한 역설과 거대한 결핍 대신 술을 채운다
구원이 돼 준 단 한 사람은 이미 시한부였고

파멸은 유일한 선택지거나 탈출구였다
사랑하는 사람을 위한 마지막 안간힘으로
그저 끝을 지켜만 볼 뿐인 무력한 의지로
그녀가 할 수 있는 건 술을 마시는 일이었다

술을 사랑하셨던 우리 아버지 마지막 나날에
그 좋아하시던 막걸리는 약이자 독이었다
이미 구순을 넘기신 노령이셨으니
드시고 싶은 대로 좀 더 드시게 할 걸
뒤에 남는 건 늘 후회다
술을 못 마시니 주정뱅이조차 될 수 없는 나는
우화등선羽化登仙의 경지에 이른 주정뱅이들이 때로 부럽다

---

* '안녕, 주정뱅이' : 권여선 작가의 소설집 제목

누구나 무기 하나쯤은 가지고 있다

어느 해인가
집 마당 한 구석에 심어둔
오이가 주렁주렁 열렸다
길고 짧고 곧고 휘고
생김새는 제멋대로였지만
튼실하고 늠름했다

제일 잘 생긴 오이부터
두어 개를 골랐다
마트에 누워 있는 오이가 아니라
줄기에 매달려 있는 당당한 오이
흐뭇한 마음으로 오이를 따려다
예상치 못한 일격에 깜짝 놀랐다

물만 가득 찬
오이인 줄 알았는데
가시가, 가시가
그렇게나 많이
그렇게나 위협적으로
돋아있을 줄이야

그토록 가냘프고
여린 가시에
외려 숙연해졌다
약하다고 얕보지 마라
누구에게나 세상에 맞설
무기 하나쯤은 갖고 있다고!

실패한 것들과 그 변명을 얘기해보라,
당신이 어떤 인간인지 말해주겠다

자전거 타기를 끝내지 못했다
바퀴의 공포에서 벗어날 수 없었다

기타를 배우다 그만뒀다
손가락이 너무 아팠다

수영을 다 익히지 못했다
물을 완벽히 신뢰하지 않았다

서양철학사를 읽다 말았다
너무 두꺼웠다

소설가가 되고 싶다고 생각했으나, 생각만 했다
세상에 좋은 글이 너무 많았다

친구의 오해를 풀어주지 못했다
이미 떠나고 없었다

버리고 싶은 게 많은데 망설였다
너는 이제부터 쓰레기야 라고 선고하는 게 힘들었다

그리하여, 실패 목록을 완성하는데 실패했다
끝없이 늘어났으므로 끝을 맺을 수 없었다

두 편의 영화를 위한 사족
- 영화 '퍼펙트 데이즈'와 '프렌치 스프'

아침에 일어나면 화분에 물을 주고
공공 화장실로 출근해 청소를 끝낸 후
벤치에 앉아 나뭇잎 사이 반짝이는 햇살*을 본다

비가 내리면 비를 맞고
가끔 술을 마시며
헌책방에서 구입한 문고판 책을 읽다가 잠이 든다

일상은 똑같이 반복되지만
꾸준히 바뀌는 그의 배경 음악들
그림자처럼 일렁이는 꿈 혹은 환영

사람들은 제멋대로 다가왔다 떠나가고
전생처럼 멀어진 가족과의 연緣
남자는 혼자 남아 오래 운다, 울면서 웃는다

"모르는 것이 이렇게나 많은데
대부분은 모르는 채로
결국 끝나버린다"

흘려들은 영화 속 대사가 오래 남았다
그럴 것이다
결국은 모르는 채로, 끝날 것이다

화면은 이제
화장실에서 부엌으로 바뀐다
다듬고 토막내고 끓이고 굽는다

그 모든 작업 끝에 식탁에 오른 음식은
요염하고 장엄하다
식사 예절은 오직 하나, 온몸으로 정성껏 탐미할 것

먹는다는 행위는
참으로 잔인하고 숭고한 일임을
그녀가 떠난 후에도 먹는 일은 계속되어야 하므로

그리고 부엌과 화장실은
식사와 배설은, 데칼코마니
혹은 뫼비우스의 띠처럼 이어진다는 걸

두 영화를 보고 엉뚱한 결론에 다다른 어느 완벽한 날에
야쿠쇼 쇼지, 쥴리엣 비노쉬
아름답게 늙어가는 두 배우에게 감사를 보내며

* 코모레비(木漏れ日) : 무성한 나뭇잎 사이로 새어드는 햇살

추락의 해부*

점심을 먹으러 갔다
커피와 함께
접시에 담긴 샌드위치를 다 먹고
일행들과의 대화도 정리될 무렵
살짝 딴 생각을 하는 도중에
빈 접시에 팔이 닿았나 싶었는데
접시가 밀리면서
탁자 모퉁이로 슬그머니 비켜났다
잘 하면 잡을 수 있겠는데
나는 접시를 눈으로 좇으며 손을 뻗었다
파란 동그라미 무늬가 그려진 하얀 접시가
대리석 문양의 바닥을 향해 가는 몇 초의 순간
내 손은 허공에서 정지했고
내 눈은 그것을 보고 있었다
드디어 바닥에 닿은 접시는
요란한 소리를 내며 깨졌다

쨍그랑랑랑
오랜만에 듣는 상쾌한 파열음
갑작스런 소음에 사람들이 놀랐다
옆에 앉아 있던 지인은 말릴 새도 없이
몸을 굽혀 깨진 조각들을 집어 올리려 했고
주인은 그냥 두라고 말했다
접시 조각들을 탁자 아래로 얌전히 모아놓은 후
작은 소요 사태가 일단락되자 지인은
놀랍도록 느린 나의 운동신경을 놀렸다
나 같으면 손으로 잡거나 발로 막을 수 있었는데
그렇다
나대신 깨진 조각을 주우려 몸을 굽히던
재빠른 그녀와 달리
나는 행동하는 인간이 아니었다
그때 나는 추락하는 접시를 구하는 대신
탁자를 이탈해 땅에 떨어지는 접시의 운명에 더 끌렸다

그렇다고 의도적으로 접시를 놓친 건 아니다
의식이 끼어들 겨를도 없이 지극히 자연스럽게
스위치 하나가 꺼지고 다른 하나가 켜졌을 뿐
혹은 노화로 인해 그냥 손이 굼떴을 뿐일지도
여하간,
나는 행동하기보다 보기를 좋아하는 인간이다
담 너머 불구경하듯 그렇게 세상을 사는 인간
그것이 불쌍한 접시가 제 한 몸을 던져 보여준
나의 정체 중 하나다
(좀 정나미 떨어지지 않냐?)

---

* 영화 제목에서 따옴

리츠 크래커는 배신할 준비가 되어 있다

리츠 크래커가 먹고 싶어질 때가 있다
옛날 리츠 크래커를 먹던 맛이 그리울 때

치즈맛과 레몬맛 두 가지를 샀다
커피를 내리고 먹을 준비를 한다

읽고 있던 책에 부스러기가 떨어질까
식탁에 짐짓 엄격한 자세로 곧추 앉는다

살 때마다 점점 짧아지는 포장 곽을 조심스럽게 뜯고
속 비닐을 천천히 벗기면 어여쁜 리츠가 기다린다

크래커 사이로 치즈 혹은 레몬맛 크림을 안고
부드러운 다갈색 표정을 짓는 정다운 리츠

지저분한 가루가 떨어지지 않도록
입술을 요리조리 오물오물 잘 다그친다

모든 것이 완벽했다
마지막 한 개가 남아 있을 때까지는

커피를 한 모금 마시며
세상사 다 이룬 것 같은 만족감에 들뜬다

부스러기 한 톨 없이 깨끗한 식탁을 보며
잠시 여운을 즐긴다

그리고 마지막 리츠를 손으로 집는다
이윽고 한 입 크래커를 깨무는 순간

갑자기 폭발하듯 파편이 쏟아진다
가슴과 배와 허벅지, 옷 사이사이로!

세상일은 늘 이렇다
끝날 때까지 끝난 게 아니다

회의하는 인간

어릴 적 나의 세계는
동네 한 바퀴 만큼 작아서
모든 게 명료하고 확고했지

만질 수 있고
냄새 맡을 수 있고
또렷이 보였어

OX 질문처럼 간단해서
대체로 옳은 일은 옳은 일이었고
아닌 일은 늘 아닌 일이었지

키가 자라고 세계가 커질수록
시야는 엉키고
경계가 희미해지더군

술에 물도 타 보고
물에 술도 부어보고
별짓을 다 해봤지만

오류의 가능성만 높아졌어
모든 건 다 바다로 흘러갔고
바다로 흘러간 건 찾을 수 없었지

슬픔에 조미료가 필요하다

슬픔에 오래 적신 오렌지는
오렌지 맛이 날까
슬픔의 맛이 날까

사이좋게 반반
너는 호기롭게 답하지만
무슨 같잖은 소리냐고 속으로 비웃는다

포도는 숙성하여 와인이 되고
고양이는 성숙하여 고영희 씨가 되고
멸치는 익사하여 멸치액젓이 된다

신발에 시달린 너의 왼쪽 새끼발톱
연필에 굳은살이 박인 오른쪽 세 번째 손가락
역겨운 노동에 너덜너덜해진 위장과 췌장

그들의 비명을 너는 듣지 못하고
슬픔이 무슨 맛인지 모르겠다고
그래서 너는 아무 조미료나 마구 치고 있다

나의 봄
- 60돌을 맞은 나와 친구들에게

너는 나의 새 봄
언 땅에서 살아 돌아오는 나의 봄
변덕스런 바람과 비를 몰고 내게 달려오는 봄

모호한 계절을 뚫고
무시무시한 빙하를 건너
잡고 늘어질 지푸라기 하나 없이도

너는 내게로 온다
닿았으나 잡을 수는 없는
너는 이미 없고 천지에 바람 무늬만 남았다

설산에서 바다를 꿈꾸지만
무정하고 때로 너무 상냥한 너는
나의 새 봄, 영원히 철들지 않는 나의 어린 봄

발문

새콤달콤하게 세상에 스며드는 법

최갑진 / 문학평론가

　사람을 새롭게 바라볼 때가 있다. 앞자리에 서는 것을 꺼려서 모두의 시선에서 벗어나 있던 사람이 어느 날 바로 곁에서 환하게 웃는 모습을 발견하는, 그런 경우. 또는 늘 보던 숲의 풍경이 계절이 바뀌었다고 확연히 어제와 다르게 물들어 있을 때. 혹은 구름 모양을 살피거나 별자리를 찾아보던 하늘에서 어느 순간 무한천공의 깊이를 보여주는 푸름을 맛보는 찰나.
　이런, 여태껏, 하는, 그 순간들처럼.
　"모든 꽃무늬는 엄마에게서 왔다" 속에 펼쳐진 글을 읽으면서 그랬다. 개와 고양이를 키우면서도 몰랐던 사실들, 같은 영화를 보았지만 제대로 알 수 없었던, 빛에 가려져 있던 그림자들의 암호, 비슷한 장르의 음악을 즐겼지만 흘려버렸던 음표의 또렷한 소리들까지가 다르게 다가왔다.
　이유는 단순하다. 주변이 평범하지 않은 것들로 넘쳐

나서가 아니라 평범한 것들을 소홀히 대하지 않는 작자의 시선 덕분에.

　글쓴이와는 이러저러한 인연과 우연으로 오랜 시간 알아온 사이다. 남들이 이야기할 때는 가만히 듣는 사람, 아름다운 풍경을 만났을 때 와우! 일행이 모두 감탄하고 난 다음에야 풍경을 껴안는 듯이 수줍게 두 팔을 벌려보는 사람이다. 책이나 영화를 두고 느낌을 나누는 자리에서도 의견이나 감정을 다른 이의 이야기 속에 슬쩍 얹는 것으로 자신의 주관을 녹여내는 사람이며 목소리를 높여 자기를 내세우지 않았고, 다른 의견의 상대에게 결별을 선언할 듯이 목청을 가다듬어 겁주는 일도 없는.
　그런데 다르다. 시집 속의 정영경은 오랫동안 내가 알던, 어쩌면 안다고 생각했던 그와 사뭇 다르다. 우리가 잘못 알았던 것일까. 아니면 진도라는 환경 속에서 다르게 진화한 것일까.

　　　살랑살랑 봄바람의 유혹에 못 이겨
　　　옷걸이에 걸린 빨래들이 춤을 추고 있다

　　　따닷한 봄볕에 몸 데운 시골집 개 한 마리
　　　늘어지게 하품 한 바탕 풀어내고는
　　　다시 심심한 풍경 속으로 들어간다.

　　　　　- "춘정은 빨래도 춤추게 한다" 에서

생명을 지닌 강아지는 봄바람에 무심하고 무정한 빨래는 봄기운에 들떠서 펄럭인다. 시인은 눈앞의 광경에 별다른 의미를 부여하지 않는다. 시인은 그저 쳐다보며 독자를 풍경 속으로 이끈다.

여기서 '이끈다'는 말은 적절치 않다. 삶에서도 그러하지만 정영경은 시에서도 남에게 자신의 생각을 받아들이라고 요구하지 않는다. 자신의 경험에서 얻어낸 지혜(?)를 강요하는 엄숙주의에서 벗어나서 다정하게 감싸는 것만으로 남을 설득하는 사람이다. 그래서 그가 보는 세상 속으로 들어서는 일은 즐겁다.

변하는 세상의 모순을 적절하게 대처하는 방법을 설명하다가도 '어머, 나 빼박꼰댄가봐/ 중천대낮에 귀신 씨나락 까먹는/ 소리나 해대는 걸 보니'("사자성어와 외계어 사이에서 귀신은 씨나락을 까먹고 있다")라며 '피식' 웃어버릴 줄 안다. 아니면 가루 한 톨이 떨어질까 조심하면서 크래커를 먹다가 '갑자기 폭발하듯 파편이 쏟아진다/가슴과 배와 허벅지, 옷 사이사이로'("리츠 크래커는 배신할 준비가 되어 있다")처럼 놀라면서도, 마지막 크래커의 부서짐에서 얻은 지혜란 것이 "세상일은 늘 이렇다/끝날 때까지 끝난 게 아니다"는 식으로 야구 중계방송에서 자주 듣는 심심한 이야기로 마무리 한다. 심각하게 설교하지 않고 슬쩍 지나가는 말투다.

그렇게 '피식'거리는 웃음 내지는 말투가 시집에 가득하다. 진지하지만 가볍다. 진지함은 독자 스스로 자신의 이마를 살짝 짚게 하고 가벼움은 편안하게 시인이 내미는 손을 잡게 한다. 시의 행보를 따라가다 보면 독자 스스로 스르르 시인에게 물든다.

만만치 않은 내공이 쌓인 저 '피식' 웃음은 어디서 온 것일까. 섬세하고 따스한 눈으로 세상을 바라보면서 여태껏 관계 맺었던 존재들에 대한 기억을 소중하게 저장하는 자세에서 비롯하지 않았을까.

봄은 여름에 시작된다/ 가장 왕성한 대지의 힘으로 잉태되어/뜨거운 한여름 햇살에 달구어지고 /스산한 가을바람에 흔들리다/한겨울 매서운 시련을 이겨낸 끝에 /드디어 봄은 태어난다/정월대보름을 지난 어느 이월보름/ 소박한 달빛을 담아 /조그만 몸과 조그만 꿈을 가진/ 작은 봄이 태어난다

그렇게 꼬물꼬물 시작된 인생/비리거나 누린 걸 싫어해서/생일상에는 미역국과 고기 대신/쑥국과 쑥떡이 올라왔다/쑥국 먹고 쑥쑥 자라거라/쑥떡 먹고 쑥쑥 사람 돼라/엄마 정성의 반의반에도 못 미치지만/그럭저럭 남들 흉내 내는 어른이 되었으나/여전히 세상에 자주 삐치고/이따금 허망한 열망에 빠진다

- "어느 탄생 설화"에서

삶의 자세란 관계 속에서 더욱 꼿꼿하게 정립되거나 휘어질 수도 있다. 그러나 정영경의 시는 시간의 흐름 -시집 또한 시간의 경과에 따라 편집되어 있다- 속에

서 더욱 알차게 여문다. 봄은 여름에 시작되는 것이고 '엄마의 정성'에 반하여 나는 나이가 차도록 '허망한 열망'에 빠져 산다. 그러나 계절은 변하고 세월은 흘렀으나 삶의 관계망 속에 주요하게 엮여 있던 기억과 장소를 껴안는 힘은 강하다. 기억의 그물 속에 들어온 큰 물고기는 놓아 버리고 슬쩍 지나치는 아쉬운 바람을 붙든다는 것은, 강하지 않으면 할 수 없는 일이다.

    먼저 시금치를 준비한다
    세상의 초록을 다 머금고 있는 것처럼
    짙푸른 시금치를
    잘 씻어 데친 다음 덤성덤성 먹기 좋게 썬다
    갖은 양념을 넣고 조물조물 무쳐준다
    그리고 나서
    짭쪼름한 간이 서로에게 잘 베어 들도록
    토닥토닥 다독여 준다

       - "엄마의 비밀 레시피-시금치 달걀 냉초국"에서

  기억 속에서 부모는 따뜻한 존재이거나 차가운 어른이거나 둘 중 하나이다. 다행히 시인의 부모는 "모든 꽃무늬는 엄마에게서 왔다"는 것을 깨닫게 하는 사랑을 베풀어 주었다. 그래서 자신만의 울타리 속에 숨어들고 싶었지만 '나는 상처 없이 편안하고 평화로울 수 있으므로'("늙어서 시를 외운다는 것은") 어느 날 진도라는 낯선 곳으로 삶터를 훌쩍 옮길 수 있었다. 따뜻한 기억은 사람을 단단하게 한다.

진도라는 공간을 배경으로 써진 작품들은 더욱더 다정하게 '시골살이'의 세계로 독자들을 안내한다. "매일 조금씩 더 촌스러움에 물들어가는 은밀한/이 기쁨을 세련된 자본주의로부터 지켜내야 해. 라고" 말하는 진도는 그의 현재를 여유롭게 만드는 공간이다. 그 바닷가 마을에는 그리운 '초복이' '또복이'와 '당당이'가 있었고 '칭칭'이와 '꼬맹'이가 놀던 세상이며 갯바람에 맞선 '염장리' 마을 사람들의 억센 삶의 흔적이 살아 있는 곳이기 때문이다.

지면 사정상 여기서 글을 놓지만 시집을 읽으면서 나는 부러웠다. 지난 시절의 기억들을 새롭게 가꾸면서 지금은 진도 바다의 갯내음을 몸에 묻힌 채로 동물들과 그리고 꽃들과 정겹게 교감하며 이웃들을 따듯한 눈으로 바라보는 시인의 모습이 부러웠다. 시를 읽으면서 스며든 그 느낌을 잊지 않기 위해 글의 말미에 사족으로 붙인다.

▲ 바닷가에 놀러간 초복

▲ 텐트 농성중인 또복
▼ 바깥 세상이 궁금한 또복

▲ 다산의 여왕 또복
▼ 또복이 아이들

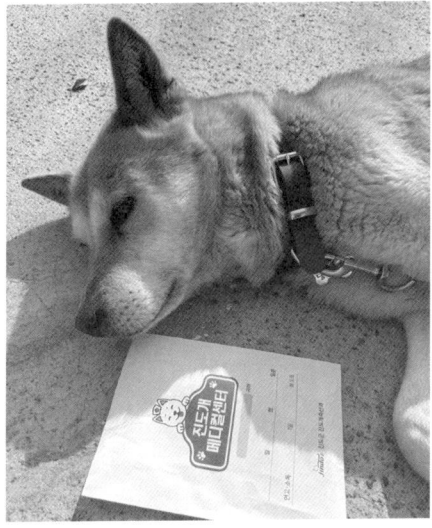

▲ 매화보다 어여쁜 당당이 뒷태 / 몸이 예전 같지 않은 당당
◀ 산책 다녀오는 길에 당당
▼ 케익을 호시탐탐 노리는 당당

▲ 독서 방해하는 칭칭 / 후다닥 중인 칭칭
▶ 제 그림자에 반한 칭칭
▼ 개 인형에 뽀뽀하는 칭칭

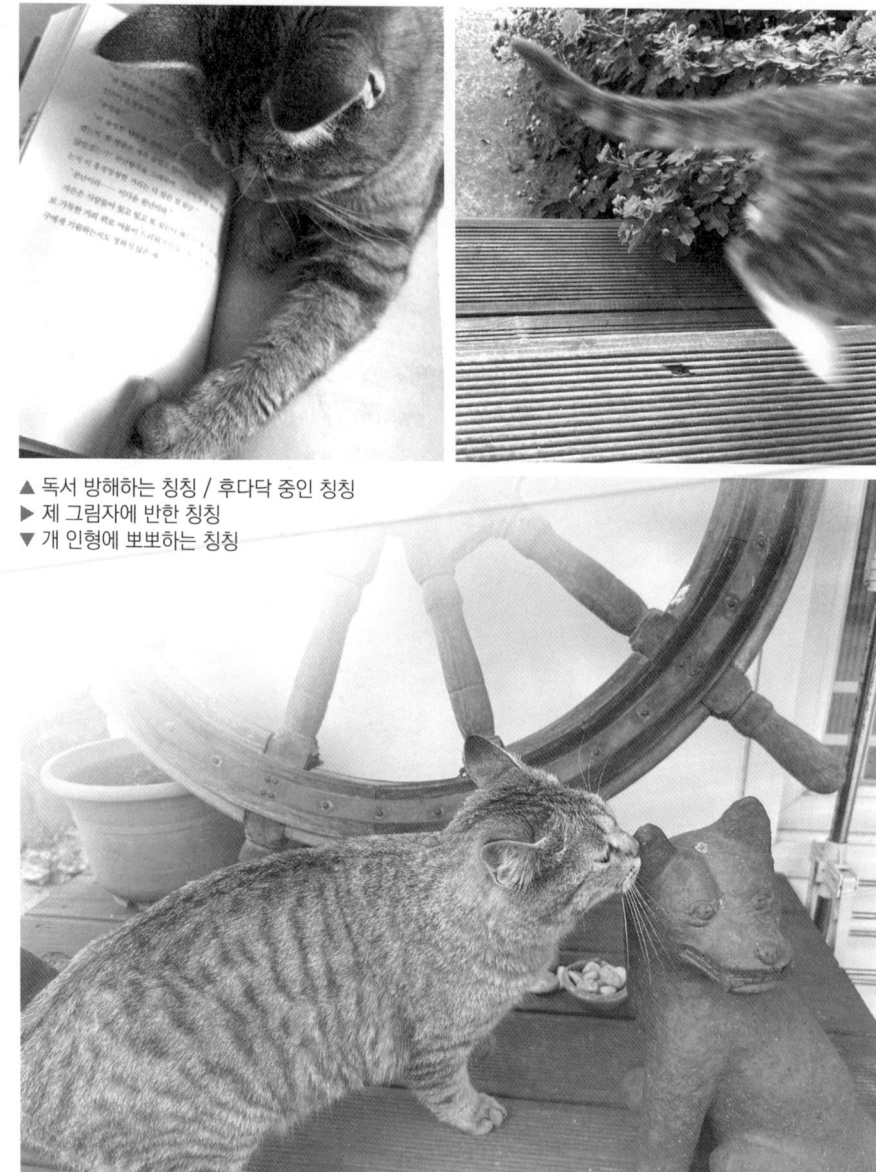

▲ 나무 위가 무서운 꼬맹

▲ 의젓해진 꼬맹
▼ 분홍코가 매력적인 꼬맹

나가는 글

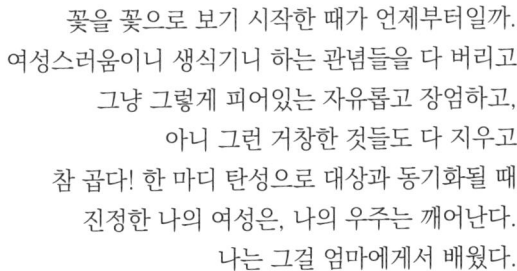

꽃을 꽃으로 보기 시작한 때가 언제부터일까.
여성스러움이니 생식기니 하는 관념들을 다 버리고
그냥 그렇게 피어있는 자유롭고 장엄하고,
아니 그런 거창한 것들도 다 지우고
참 곱다! 한 마디 탄성으로 대상과 동기화될 때
진정한 나의 여성은, 나의 우주는 깨어난다.
나는 그걸 엄마에게서 배웠다.